드라마를 보다
중국을 읽다

드라마를 보다 중국을 읽다

2020년 4월 1일 초판 1쇄 발행

지은이   고윤실
편집   조정민 최인희
디자인   이경란
인쇄   도담프린팅
종이   타라유통

펴낸곳   나름북스
펴낸이   임두혁
등록   2010.3.16. 제2014-000024호
주소   서울시 마포구 월드컵로15길 67 2층
전화   (02)6083-8395
팩스   (02)323-8395
이메일   narumbooks@gmail.com
홈페이지   www.narumbooks.com
페이스북   www.facebook.com/narumbooks7

ISBN 979-11-86036-53-2 93300
값 16,000원

이 도서의 국립중앙도서관 출판예정도서목록(CIP)은
서지정보유통지원시스템 홈페이지(http://seoji.nl.go.kr)와
국가자료종합목록 구축시스템(http://kolis-net.nl.go.kr)에서 이용하실 수 있습니다.
(CIP제어번호: CIP2020012764)

드라마를 보다 중국을 읽다

고윤실 지음

나름북스

일러두기

1. 드라마, 영화, 다큐 등 영상 콘텐츠명은 '〈 〉', 도서명은 '『 』'로 표기했다.

2. 드라마 제목을 번역할 때 〈보보경심〉, 〈소오강호〉와 같이 한국에 익숙하게 알려진 드라마의 제목은 한자 독음 그대로 표기했고, 〈亮劍〉과 같이 〈빛나는 검〉처럼 풀어서 쓰는 것이 자연스러운 경우는 번역어로 표기했다. 인물명은 현대 드라마의 극중 주인공 이름을 포함해 현대 인물인 경우 중국어 발음 그대로 표기했으며, 고전 드라마의 극중 주인공 이름을 포함해 현대 이전 시기 인물에 대해서는 한자 독음을 표기했다. 이 밖에도 지명과 도시, 길, 텔레비전 방송국, 잡지, 인터넷 사이트는 중국어 발음 그대로 표기했다.

3. 중국의 라디오, 영화, 텔레비전 등 방송과 미디어를 관리 감독하는 주요 기관은 체제 개편에 따라 시기별로 명칭을 달리하지만, 통상적으로 '국가광전총국國家廣電總局'이라 부른다. 2018년 제도 개편으로 국가라디오텔레비전총국國家廣播電視總局이라는 명칭으로 바뀐 이후 현재(2020년)에 이르고 있지만, 이 책에서는 기관의 주요 역할과 특성을 대표하는 통상적인 명칭인 '국가광전총국'이라고 표기했다.

차례

중국어 공부를 위해 보기 시작한 드라마를 본격적으로 연구하기까지 꽤 오랜 시간을 거쳐 왔다. 중국 친구 집에 모여 앉아 만두를 먹으며 중국 드라마를 본 기억, 홀로 있는 시간을 채우려고 무심히 틀었다 재미를 붙여 마지막 회까지 보던 기억 등 이런 시간들은 내 중국 유학 시절의 소소한 일상이자 즐거움이었다. 당시 한국 드라마가 한류의 중심에서 인기몰이를 하던 때였는데, 한 중국 친구가 한국 드라마가 중국 드라마보다 재밌는 이유는 제작 환경이 크게 다르기 때문이라고 했다. 통제되고 규격화된 환경에서 제작되는 중국 드라마는 마치 사회주의 계획경제의 한 단면을 보는 것 같다는 말이었다. 한창 중국 드라마에 재미를 붙여가던 차에 상당히 흥미로운 지점을 발견하게 된 것이다. 드라마 제작과 제도에 관한 자료를 찾아보면서 기획에서 방영에 이르는 모든 과정이 중국 체제의 변화와 운용 방식을 투과하고 있음을 깨달았다.

　광전총국은 매년 발표되는 정부의 정책과 방향에 부합해 전반적으로 새로운 제작 계획을 수립하고, 이에 대한 제도와 규칙을 정비한다. 드라마는 소재와 제재에 따라 정해진 분류표 안에 특정 장르로 구분되고, 예상 제작 수량까지 미리 결정되어 있다. 드라마 제작자는 기획 단계에서부터 만전을 기한다. 내용 심의를 통과해야 하고, 적당한 투자처를 물색해야 하기 때문이다. 그간의 드라마 제작 성과와 더불어 '사상적 문제가 없는' 검증된 제작자만이 기획과 투자에 뛰어들 수 있지만, 정부의 검열을 통과하려고 너무 보수적으로 극본을 운용한다면 투자자를 잃을 수도 있다. 제작자는 늘 제도적 문턱을 통과하기 위해 긴장의 끈을 놓지 않으면서도 시청자를 끌어들일 수 있는 요소를 극본에 반영하기 위해 고심한다. 드라마 제작의 모든 과정은 제도를 통과해 절차대로 이뤄지지만, 결국 제작자가 추구하는 것은 자본을 통한 이윤이기 때문이다. 이는 현재 당대 중국 사회가 작동하는 방식과 매우 유사하다. 물론 드라마는 내용적으로도 중국인의 일상생활과 문화를 반영하지만, 그 제작 과정은 더욱 더 현대의 중국 체제가 운용되는 방식과 닮았기에 중국 드라마를 통해서도 현대 중국 사회를 논의할 통로를 마련할 수 있을 것이다. TV 드라마는 가장 통속적이고 대중적이지만, 그 안에 지배 이데올로기를 생산하고 유지하는 문화의 생산 메커니즘이 작동하기 때문이다. 중국 사회와 문화의 생산 기제를 분석하려면 매우 보편적인 일상의 삶에 접근해야 하는데, TV 드라마는 이러한 일상성과 대중성을 갖춘 더 없이 좋은 연구 대상인 셈이다.

중국이라는 사회는 하나의 시선으로 바라보기에는 너무나 복잡하고 다양하다. 특히 개혁개방 이후의 현대 중국 사회는 단편적인 시각과 기준으로 판단하기 어려운 복잡한 결과 층을 갖고 있어 면밀한 접근과 관찰이 필요하다. 그래서 한국 중문학과에서도 학제 간의 연구 협력을 통해 연구 범위와 대상을 다양화하는 노력을 진행했고, 중국 내에서도 중국 사회를 분석하기 위한 인문학의 '문화연구로의 전환cultural studies' turn'을 시도했다. 하나의 분과 학문에 머무르기보다 문학과 철학, 역사라는 인문학의 뿌리 깊은 토대를 바탕으로 경제학, 인류학, 사회학, 여성연구, 지역학, 미디어 등 다양한 학문의 범주와 영역이 융복합되는 연구를 추진했다. 중국의 중문학계에서 문화연구로의 전환은 중국 사회의 거대한 전환과 급속한 변화의 흐름 속에 맞이한 문학과 인문정신의 위기로 촉발된 것이다. 1993년 상하이를 중심으로 문학의 위기와 인문정신 약화, 그리고 나아가야 할 길에 대해 대대적인 토론이 이뤄졌다. 그것은 지식인들이 어떻게 사회를 비판적으로 성찰하고 개입할 수 있는가에 대한 학계 내 자성의 목소리였지만, 더 근본적으로는 상업화와 밀려드는 대중문화의 범람 등 사회 전체의 문화 생산 메커니즘 변화에 기인한 것이다. 급변하는 현실에서 지배적 문화 생산 메커니즘을 파악하고, 이를 비판적으로 성찰하며 적극적으로 개입하기 위해서는 기존 정통문학 연구에 국한될 것이 아니라 더 광범위한 연구, 즉 문화연구로 전환해야 한다는 주장이 제기됐다. 상하이 지역의 '문화연구' 흐름을 주도하는 왕샤오밍王曉明은 오늘날 중국 사회를 이해하고, 현실 분석과 비판적 개입을 통해 사회의 바람직한 변화를 이끌어내려는 문화 변혁의 실천으로 상하이대학에 중국당대문화연구센터를 출범했다. 분과 학문의 범주에서 다룰 수 없는 다양한 사회·문화적 아젠다를 제시하며 당대 중국 사회의 문화 생산 메커니즘을 밝히고, 새로운 문화 실천을 위한 비판적 연구의 장을 마련한 것이다.

왕샤오밍 문화연구의 특징은 중국이 가진 자원 안에서 그 이론의 틀을 확립하는 것이다. 또 상업화에 편승하는 미국의 문화연구 방식보다는 고급문화에 저항하는 형식으로서의 대중문화에 주목하여 이를 중심으로 비판적 연구 전통을 형성한 영국 버밍엄학파 문화연구의 방향성을 견지한다. 중국 사회의 역사적 발전 과정과 특수성을 바탕으로 사회를 분석하고자 근대 사상사의 자원에서 이론적 틀을 구축했는데, 이것이 바로 중국 혁명의 전통이라 할 수 있는 초기 좌익사상이다. 초기 좌익사상은 중국 공산당의 탄생 이전부터 존재한 거대한 흐름이었으며, 문화적 실천을 통해 평등을 실현하고 인류 공통의 발전적 성장을 이끌 수 있는 다양한 형태의 이상 국가에 대한 모색이다. 왕샤오밍이 이처럼 중국 혁명의 전통 안에서 당대 문화연구를 위한 자원을 끌어들인 것은, 봉건왕조가 붕괴하고 근대국가 수립 열망과 서구 열강 침입이라는 시대적 위기를 '대시대_{大時代}'라 표현한 루쉰_{魯迅}의 시대의식과 현재를 바라보는 입장이 일맥상통하기 때문이다. 왕샤오밍은 지금의 중국 공산당이 초기 좌익사상의 혁명적 전통을 상실했다고 판단하는 학자 중 하나이며, 그렇기 때문에 사회변혁의 믿음을 갖고 시대에 대한 분석과 통찰을 통해 비판적 개입을 시도하고 있다. 왕샤오밍은 당대 사회의 정감구조 structure of feelings를 밝히고, 이데올로기 생산 메커니즘의 작동 방식을 고찰하기 위해 일상생활과 대중에 주목하며, 주변적 위치의 소수자와 약자의 문화에도 주의를 기울인다. TV와 인터넷을 포함해 농촌, 도시 공간, 노동자문화와 노동자, 청년, 주거문화 등 연구 대상을 확대하고, 현지 조사와 인터뷰를 위해 연구실 밖을 누비며, 지면을 벗어나 인터넷 공간의 글쓰기를 통해서도 대중과 활발히 만나고 있다.

당대문화연구센터의 이러한 분위기는 내게 연구 시각의 새로운 전환을 시도할 수 있도록 큰 용기를 북돋아 주었다. 사실 중국 드라마 텍스트 자체도 다양하게 분석할 수 있지만, 드라마의 대중성과 동시대성은 드라마를 탄생시킨 사회적 맥락에 더 접근할 수 있게 한다. 중국 드라마는 관방의 입장과 시장의 목적, 그리고 대중의 정서적 구조 사이에 위치한다. 그렇기 때문에 드라마를 통해 재현된 이미지는 보이지 않는 서로 다른 작용이 빚어

내는 이데올로기 투쟁의 장 자체라 할 수 있다. 이는 정치, 경제, 문화가 현실의 일상생활을 조직하는 방식과 매우 흡사하다. 지금의 중국 사회를 이해하는 문제는 우리가 늘 접하는 인지된 이미지 너머 복잡하게 얽힌 다양한 역량과 요소들의 작동방식을 어떻게 읽어야 하는가의 문제로 귀결되어야 한다. 이 책은 그러한 문제의식에서 출발한다. 그동안 쓴 글 가운데 중국 드라마에 관한 내용을 모아 재구성했고, 일부 관련 자료와 내용은 필자의 박사 논문에서 참고하고 보충했다.

1장에서는 중국 드라마가 연구 대상으로서 가질 수 있는 특성을 이야기한다. 드라마는 오락과 재미를 제공할 뿐 아니라 그 안에 많은 시대적, 사회적, 이데올로기적 특징을 담고 있다. 2장에서는 본격적으로 중국 드라마를 언급하기에 앞서 중국 드라마 발전사를 간략히 소개한다. 드라마의 탄생부터 체제 전환을 경유하며 드라마 생산 제작의 틀과 중국 드라마의 특성을 갖추기까지의 과정이 어떤 발전 단계를 거쳤는지 살펴본다. 3장에서는 드라마 생산 메커니즘의 형성에 대해 논의한다. 중국에서 미디어는 기본적으로 당의 목소리를 대변하는 도구적 성격이 강한데, 이에 따라 모든 텔레비전 프로그램은 국가 이데올로기의 통제하에 놓인다. 중국인의 일상과 함께하는 드라마도 예외는 아니다. 이런 통제적 관리 방식이 체제 전환을 거치며 어떻게 변화하는지 분석한다. 대표적으로 제편인 제도, 검열 제도, 수상 제도를 들어 자본,

관방 이데올로기, 시청자의 역학 관계를 통해 문화 상품인 드라마 텍스트가 사회 구조의 재현 체계로써 어떻게 체제 내 미디어로 역할하는지 살펴본다.

4장은 중국 드라마의 독특한 장르인 주선율 드라마에 대해 알아본다. 주선율 드라마는 드라마 제작의 제도적 틀이 갖춰지는 1980년대 중반부터 소재와 내용에서 이른바 드라마의 표본으로 제시되며 점차 하나의 고정 장르로 자리매김했다. 주선율 드라마의 내부적 기제는 오락적 기능을 통한 이데올로기 전달인데, 관방의 전방위적 관리에서 점차 시장성을 고려한 세속화 과정을 거쳐 지금에 이르렀다. 이 장에서는 주로 주선율 드라마의 주요 기능인 이데올로기 전파 및 교육 기능을 강화하기 위해 관방 이데올로기가 시장 및 자본과 어떻게 결탁하는지 보여 준다.

앞서 4장에서 주선율 드라마의 장르적 특징과 드라마 콘텐츠 너머의 작동 기제를 살펴봄으로써 관방이데올로기가 시장을 통해 대중의 정서에 어떻게 영향을 미치는지 살펴봤다면, 5장에서는 반대로 대중의 정서가 관방의 입장을 대표하는 제작자를 통해 어떻게 반영될 수 있는지, 또 제작자는 드라마 시장을 운영하는 주체로서 어떻게 관방의 목적과 대중의 욕망을 담을 수 있는지 구체적인 예를 통해 분석한다. 4장과 5장은 중국 특색의 드라마 장르의 특징과 이를 통해 형성되는 미디어 지형을 다루고 있다.

6장에서는 당대 중국 사회 연구로서 드라마 읽기를 시도한다.

현대 중국인의 생활방식과 이들의 삶을 구성하는 도시라는 물질적 감각이 어떻게 형성되는지 살펴보기 위해 상하이를 배경으로 하는 드라마 3편을 선별했다. 이 드라마들 속 상하이는 근대 이후부터 누적된 시간의 흐름에 따라 현대성과 물질적 감각을 공간적 차원의 이미지로 드러낸다. 드라마는 도시의 여러 이미지를 통해 다양한 층위의 공간을 재현한다. 이는 '집'이라는 물질적 감각을 중심으로 생겨나는 현실 문제와 담론을 형성하는 일상 공간, 역사와 기억이 재구성되는 정치적 공간, 그리고 경제 중심지로서 환상과 신화를 생성하는 상상적 체험의 공간이다. 이 장에서는 드라마를 통해 당대 도시성과 통치성이 어떻게 형성되는지 탐색한다.

7장과 8장은 뉴미디어 출현 이후 등장한 새로운 드라마 산업 구조와 그 텍스트 분석이다. 이는 미디어의 중심이 텔레비전에서 인터넷으로 전환됨에 따라 최근 동향과 제도적 변화를 살펴본 비교적 초보적 단계의 관찰이라 할 수 있다. 인터넷소설 기반의 미디어 간 콘텐츠 확장과 변용을 중심으로 IP산업이라는 대중문화의 새로운 생산 방식이 나타남으로써 생산 방식과 장르도 변화했다. 7장에서는 시공초월극, 궁투극, 현환극, 선협극 등 다양한 장르 드라마의 출현, IP산업의 미디어 기술 변화 및 비물질 노동을 통한 '데이터베이스 소비' 콘텐츠와 그 특성을 분석한다. 8장에서는 인터넷 플랫폼을 이용한 제작 및 배급 변화로 '웹드라마' 출현을 살펴보고, 기술 환경과 소비 수요에 따른 제작 규모 변화, 검열 및 관리 제도 형성과 더불어 콘텐츠 특성을 분석한다.

마지막으로 9장은 드라마 텍스트를 소비하는 주체, 즉 시청자에 대한 분석이다. 이는 시청 반응과 댓글이라는 양적 분석이 아닌 사회적 구조와 현상을 분석한 질적 분석에 해당한다. 80후, 90후 청년 세대의 정서 구조를 분석함으로써 당대 대중문화 생산 주체에 관한 전반적 이해를 제공한다.

사실 이 연구는 책으로 엮기에 부족하고 앞으로 가야할 길도 멀다. 그럼에도 불구하고 동시대성에 기대 최근의 중국을 관찰하고 분석했기에 어설프나마 세상에 내놓을 용기를 가지게 되었다. 항상 아낌없는 격려와 조언을 해 주신 한국과 중국의 두 지도교수님께, 그리고 여러 선생님께 깊은 감사의 말씀을 드린다. 부족하나마 이 책을 통해 독자들에게 당대 중국 사회에 대한 이해를 제공할 수 있다면 더 없는 보람일 것이다. 또한 최근 몇 년간 부쩍 늘어난 중국 드라마 팬들도 중국의 다양한 면모를 파악해 볼 수 있기를 바란다.

1. 중국 드라마의 특성

1990년대에 들어 중국은 세계화와 경제 발전에 발맞춰 드라마 발전의 물질적 기반을 갖추기 시작했고, 드라마 제작 및 유통 방식에 시장 메커니즘을 도입했다. 이런 시장화 요구에 따라 기존의 정부 주도 제작 방식과 달리 제작 전문가를 필요로 하게 됐으며, 이에 '제편인制片人'이라 불리는 사람들이 드라마 생산 및 유통 시장에 새로이 등장했다. 이들은 드라마 시장의 전문가로서 투자 유치부터 소재 및 줄거리 선정, 연기자 선택, 촬영 일정, 나아가 유통에 이르기까지 드라마 생산 전반에 걸쳐 영향력을 행사할 뿐만 아니라, 정부가 제시한 제작 규정과 이데올로기적 심사 기준에 부합하도록 드라마 내용과 표현을 조정하는 역할을 한다. 1990년대 초기 시장화 요구에 따라 자생적으로 등장한 이들은 곧 정부 제도 내로 편입되면서 일정한 시험을 통해 전문성과 사상성을 검증받은 후 드라마 제작에 참여하게 된다. 제편인은 시장화의 산물인 동시에 정부와 시장 사이에 위치하며, 정부와 시장의 충돌과 모순을 조정한다.

이 제편인 제도를 통해 탄생한 중국 최초의 실내극 〈갈망渴望〉은 높은 시청률로 사랑받았고, 경제적·사회적 효과를 동시에 구가하며 이후 드라마 제작의 전범이 되었다. 그리고 1990년대 문화산업이 발전함에 따라 다양한 장르와 내용의 드라마가 제작됐으며, 2000년대에는 중국인의 삶의 방식과 이야기를 그리는 중국적 특색의 드라마가 유행하게 되었다.

도시생활극都市生活劇과 가정윤리극家庭倫理劇 등의 장르는 보통 사람의 생활방식을 사실적으로 묘사한다. 부동산, 취업, 결혼 등 현실 문제의식이 첨예하게 드러나는 드라마가 많이 제작됐으며, 기존의 한·일 드라마 모방에서 탈피해 점차 중국적 특색을 구성했다. 중국 드라마의 '중국적 특색'은 도시 소시민, 농민, 노동자 혹은 다양한 영역의 생활을 핍진하게 그리고, 그 안에서 사회 문제의식을 드러내며 새로운 경험과 역사 감각을 구성한다. 이 '중국적 특색'은 상류층 사회를 묘사하고 소비주의 위주의 생활방식에 대한 상상을 제공하는, 즉 자본주의적 특징으로 대표되는 한국, 대만, 홍콩 등지의 드라마와 구별되는 가장 큰 특징이다.

또한 주선율主旋律 드라마의 변화 역시 주목할 만하다. 주선율 드라마는 원래 관방 이데올로기를 선전하는 독특한 중국 특색의 드라마지만, 틀에 박힌 이야기와 구성으로 시청자들의 외면을 받았다. 그러나 2000년대 이후 정부 주도 제작 방식에서 벗어나 과감한 시장화를 도입하면서 줄거리와 내용이 풍부하고 다양해졌으며, 기술적이고 예술적인 면에서도 한층 성숙해짐으로써 중국 시청자들의 시선을 끌며 다시 한번 영향력 있는 드라마 장르로 떠올랐다. 주선율 드라마는 20세기 초부터 중국 건국에 이르는 시기를 주로 다룬다는 점이 한계로 지적되지만, 자본주의 상업 이데올로기로 점철된 드라마 영역에 다양성과 풍부함을 더하고, 중국 현대 혁명 역사와 정치성을 재구성하는 역할을 한다.

1990년대 중반 이후부터 인터넷과 핸드폰 등 새로운 매체의 폭발적 증가와 네티즌의 활발한 참여로 인터넷소설이 크게 유행하면서 기존 지면 매체 위주의 문학 지형도에 커다란 변화가 생겼다. 또한 문화산업 발달로 인터넷소설이 출판, 영화, 텔레비전, 온라인게임 영역에서 다양한 형태로 활용되는 등 문화와 경제가 서로 영향을 주고받는 가운데 두 경계가 점차 모호해지고 있다. 특히 2000년대 주목할 만한 것은 다양한 미디어가 상호 영향력을 행사하는 가운데 인터넷소설 붐이 새로운 현상으로 자리 잡고, 인터넷소설이 드라마 서사의 원천 콘텐츠가 되면서 OSMU(One Source Multi Use), 즉 하나의 원천 서사가 미디어 간 다양한 콘텐츠로 변용되어 문화산업의 동력이 된 점이다. 특히 인기 있는 인터넷소설이 드라마로 제작되어 새로운 드라마 장르를 형성한 최초의 사례가 바로 '시공초월극'의 유행이다. '시공초월 소설'이라는 인터넷소설의 한 장르가 네티즌 사이에서 폭발적인 반응을 일으키며 창작 붐을 일으켰고, 2000년대 인터넷 문학의 대표 장르로 자리 잡은 것이다. 이러한 붐은 출판 시장으로 이어졌으며, 곧이어 드라마 영역으로 확장되면서 경제적·사회적 효과를 만들었다. 이를 시작으로 중국식 드라마는 도시와 가정, 직장 생활을 다룬 현대 드라마의 소재뿐 아니라 현환극, 선협극, 궁중극 등 고장극(古裝劇, Costume Drama)의 다양한 장르를 개척하며 색채를 더하고 있다.

블로그나 인터넷소설 사이트라는 확장된 문학 공간에서 문학의 꿈을 이루려는 사람들이나 불투명한 미래와 고단한 현실의 불만을 창작을 통해 해소하려는 사람들이 인터넷 문학 붐을 일궜고, 인터넷 문학은 현재 중국 문학의 장場에 절반을 차지한다.[1] 인터넷이라는 새로운 매체 발달은 치안 사회[2] 안에 셈해지지 않은

---

1   현재 중국 문학의 지형도에 관해서는 王曉明, 「六分天下:今天的中國文學」, 『文學評論』 제5집, 2011 참고.

2   랑시에르는 정치적인 것은 이질 발생적인 두 과정, 즉 통치 과정과 평등 과정의 마주침이라고 보며, 그중 사람들을 공동체로 결집해 그들의 동의를 조직하는 것으로 자리들과 기능들을 위계적으로 분배하는 것에 바탕을 둔 통치 과정을 바로 '치안'이라고 했다. 다음으로 평등 과정은 아무나와 아무나 사이의 평등 전제와 그 전제를 입증하려는 고민이 이끄는 실천들의 놀이로 이뤄지며, 이것이 바로 '정치'다. 모든 치안은 평등을 (방)해하며, 따라서 '정치적인 것'이란 평등의 입증 그 위에서 (방)해를 다루는 형태를 취해야 하는 무대다. '정치적인 것'은 (방)해를 다루는 가운데 정치와 치안이 마주치는 현장이다. 자크 랑시에르, 양창렬 역, 『정치적인 것의 가장자리에서』, 도서출판 길, 2008, 133쪽,

사람들, 즉 학생, 주부, 취업준비생을 포함해 다양한 계층이 참여하는 계기를 제공했다. 이렇게 생겨난 인터넷 문학은 문화산업의 추동력을 통해 텔레비전이라는 더 대중적인 매체와 다시 한번 결합하며 공동체를 이루는 감성을 재구성할 가능성을 만들고 있다. 그러나 드라마를 통해 현실 사회 문제를 바라보는 새로운 시선을 발명하고, 이로써 주체를 형성해 현실 사회에 직접 개입할 역량을 만들기에는 아직 한계가 있다. 시장 자본의 논리와 국가 주류 이데올로기에 의해 지배·관리되는 것이 중국 드라마의 생리이기 때문이다.

중국 드라마의 당대 문화 생산 기제를 파악하기 위해서는 먼저 사회 물질 조건의 변화와 사람들의 생활방식, 경험, 그리고 정치 역사 감각의 변화를 분석하고, 드라마 생산 제도라는 '성문법成文法'과 '비성문법非成文法'적 요소, 즉 관리 규정 제도와 생산관계에서 작동하는 지식 체계 및 판단 법칙에 관한 것들을 분석할 필요가 있다. 또 드라마 생산에서 유통, 시청에 이르는 각 부분에 정부와 시장, 시청자가 어떤 역학 관계를 가지는지, 이를 통해 드라마가 어떤 방식으로 정치적 발명을 일굴 수 있을지, 시장과 국가 이데올로기로 만들어진 '폐쇄성'과 지배 질서가 고정한 역할들을 극복하면서 '허구'를 통해 새로운 사유 방식을 제공하고 변화시킬 수

135쪽, 136쪽.

있을지는 좀 더 지켜봐야 할 것이다.

한 사회를 연구하는 대표적 민족지 연구 방법에 사실 기록과 문화인류학적 보고報告로써 다큐멘터리와 영화 등 민족지 필름ethnography film이 있다. 이는 사료적 가치를 지닐 수 있지만, 지역적·민족적 특수성이 있는 만큼 다루는 범위 또한 국지적이다. 물론 부분적 특수성으로 전체적 양태를 유추할 수 있으나, 정치·경제적 담론과 이것이 만드는 시대적 내러티브를 전반적인 큰 틀로 설명하기에는 어려움이 따른다. 왜냐하면 그 작업은 전적으로 민족지 연구가의 자료 분석 역량에 달려 있으며, 어디까지나 '해석'이라는 미지의 영역을 관통해야 하기 때문이다. 이 과정에는 민족지 연구자의 개인적 입장이 어느 정도 녹아 들어갈 수밖에 없는데, 관찰한 현상을 '편견 없이' 기록하고 객관적 입장을 유지하려면 현지에서 현지인과 함께 생활하는 절대적인 관찰 준비 시간이 필요하다. 이는 현장 기록으로서 민족지 연구가 갖는 비효율성 혹은 한계점이다.

드라마라는 장르는 도시성, 즉 당대 정치·경제 담론과 정책이 일상생활을 투과해 만드는 총체적 삶의 양식의 이미지 재현에 탁월하다. 지배적 이데올로기, 시대를 관통하는 내러티브 역시 직접 인식되거나 구체화되는 것이 아니라, 생활 속 경험으로 체현된다는 점에서 '재현representation' 개념과 맞닿는다. 또한 이 재현 방식은 민족지 연구에서 일어나는 피관찰자와 관찰자의 관계, 즉 하나의 세계와 바깥의 세계라는 경계에서 일어나는 관찰과 해석의 작업이 아니라, 그 세계에 속한 사람들의 시선으로 자신을 드러내고 그것을 바라보는 과정을 포함한다. 그렇기에 '드라마 보기'에는 (적어도 한 사회의 구성원인 시청자가 그 사회에서 제작된 드라마를 보는 것은) 한 사회를 이해하기 위한 관찰과 해석이라는 대화의 과정이 필요하지 않다. 마치 거울 속에 맺힌 상像을 들여다봄으로써 진상眞相을 유추하는 직관적 감각이 필요하다. 그래서 드라마는 '기억'의 도구가 아니라, 거울과 같은 '반영'의 도구다. '세기의 영화'는 있어도 '세기의 드라마'라는 말은 없는 것처럼 한 시절을 풍미하면 그뿐이다. 그만큼 시대상을 비추는 당대성/동시대성을 특징으로 한다. 드라마는 영화처럼 파노라마적 시각이나 이미지 구성을 통해 드러내기를 시도하지 않는다. 또한 특정 시선으로 그것을 무심히 바라보지도 않는다. 그것은 정형화되지 않았지만, 이야기를 서술함으로써 일상의 규칙에 틀 지워진 총체적이고도 세밀한 구체성을 재현한다.

사람들은 일상생활을 통해 일상의 리듬을 조직하며, 이는 당대 사회의 생활방식, 즉 문화를 형성한다. 현대인의 일상은 대부분 도시 공간에서 이뤄지는데, 도시의 일상은 자연 순환 주기를 통해 짜이는 향촌에서의 삶과 생활 리듬과는 다르다. 일상 세계는 '소속 단위와 그 구성원 간에 맺어지는 직접 관계와 미디어 등 다양한 간접 관계를 통한 상호작용을 통해 생존과 변화를 창출하는 실천의 장'이라고 할 수 있다.[3] 그것은 도시라는 공간, 각종 정책과 이데올로기의 담론 틀에 의해 만들어지는 정형화되지 않은 규칙성이 있을 뿐 아니라, 직장과 가정을 비롯한 각종 사회적 관계가 엮는 '드러나지 않는 결합 관계'를 형성한다. 드러나지 않는 결합 관계는 말 그대로 "사회생활의 비공식적 질서, 도덕적 기호, 인간 행위와 내재된 형태들과 관련된", 이른바 "사회성sociation"의 개념이다.[4] 그렇기에 도시의 일상성은 산업주의, 경제 발전, 발전주의와 밀접한 관련이 있으며, 이에 따라 생성되는 불균등한 계층 및 계급 모순과 갈등을 포함한다. 즉 도시의 일상성은 자본 축적에 따른 경제 구조, 여기서 생성되는 근대성과 정치성을 특징으로 한다. 일상성은 이전 세대의 역사, 경험, 문화 양식들이 학습·전수되는 과정에서 현대인의 체험과 의식 가운데 새롭게 형성되고 재구성된다. 이러한 일상생활 세계에서 펼쳐지는 매일의 삶이야말로 단단히 축적되어 역사를 이루고, 마침내 하나의 세계를 형성한다. 문화 연구가 주목해야 하는 지점이 바로 이러한 일상성 안에서 어떻게 비판적으로 실천하는가이다. 그러기 위해서는 촉각을 곤두세워 삶의 바탕에 일어나는 모든 것을 비판적으로 사유하고 면밀하게 관찰해야 한다. 이것이야말로 문화 연구가 궁극

---

3 김왕배, 「일상생활세계론—시공간과 실천의 합리화」, 『경제와사회』 43호, 1990, 178쪽.

4 마이크 새비지 · 알랜 와드, 김왕배 · 박세훈 역, 『자본주의 도시와 근대성』, 한울, 1996, 23쪽.

적으로 지향하는 '비판과 개입'이며, 이 책에서 추구하고자 하는 점이다.

그렇다면 한국에서 중국 당대 사회의 일상생활과 일상성을 어떻게 연구할 것인가? 또 중국 밖에서 중국을 바라보는 사람들에게 어떻게 중국 현재의 시대상을 설명할 것인가? 중국을 연구하는 한국 연구자의 입장에서, 동시대적 중국 사회상에 대한 분석을 진행하기란 특히 쉬운 일이 아니다. 한 사회에 들어가 연구자적 관점을 유지하며 분석하기 위해서는 공간적 · 시간적 · 경제적 제약이 따르기 때문이다. 그러나 드라마를 통해 중국 사회를 이해하려는 시도는 적어도 연구자가 중국 사회에 들어가 충분한 관찰 준비의 시간을 거친 후, 이쪽 세계에 전달할 해석의 재구성(재현) 작업을 절약할 수 있다. 왜냐하면 중국 드라마는 그들의 언어로 재현된 체계이자, 이미 해제^{解題}를 덧붙인 텍스트이기 때문이다. 우리는 이것을 들여다보고 비판적으로 사유해 당대 중국 사회의 내러티브와 다양한 맥락을 읽을 수 있어야 한다. 이는 문화라는 총체적 삶의 양식을 파악하는 것이자, 당대 문화의 생산 메커니즘을 파악하는 것이다.

중국 당대 사회를 이해하기 위해 텔레비전 드라마에 주목하는 것은 드라마 시청 행위 자체가 일상의 일부이고, 그 내용 또한 일상생활의 총체에 대한 재현이기 때문이다. 일상생활의 총체란 정치 · 경제적 정책과 담론이 맞물려 구성하는 하나의 거대한 사회 구조이자, 보편적 인간 군상의 관습적 사고와 행위가 펼쳐지는 공간이다. 이러한 일상생활을 보여주는 장으로서 드라마 미디어는 도시의 삶과 일상을 반추하고, 역사적 기억과 이데올로기를 재구성하며, 욕망의 소비와 상상의 공간을 통해 끊임없이 영향력을 만든다. 또한 그 의미를 반복적으로 재생산하고 재구성하는 장場이자 삶의 거대한 장치다. 이것이 바로 현대 중국을 이해하기 위한 '창'으로서 드라마가 갖고 있는 특성이다. 그렇기 때문에 이 책에서 문화 연구의 한 방법으로 '드라마 연구'를 제시하고자 한다.

2. 중국 드라마의 시기별 발전 과정

    1958년에 최초의 드라마가 출현한 이래 중국 드라마는 반세기의 발전 과정을 거쳐 왔다. 기존에는 중국 드라마를 현대 역사적 사건과 사상 사조 변천 등 문학사적 구분 시기를 고려해 다음 네 단계로 구분했다.[5] 즉 1958년부터 문화대혁명이 발발한 1966년까지의 맹아기, 1966~1976년까지의 암흑기, 1978년 개혁개방 이후부터 1989년 천안문 사건이 일어나기까지 대중문화 흥기와 회복 및 발전기, 1990년부터 현재에 이르는 성숙기다. 그러나 이 책에서는 드라마 발전 및 기능과 생산 체제 변화에 따라 크게 세 단계로 구분한다. 이는 거시적으로는 중국의 정치·경제적 체제

---

[5]   仲呈祥·陈友军:『中国电视剧历史教程』, 北京: 中国传媒大学出版社, 2010年5月版 참고.

변환, 미시적으로는 제도적 변화와 상품적 가치 전환이라는 내부 요인에 따라 세분화한 구분이다.

첫 번째는 최초의 드라마가 출현한 1958년부터 문화대혁명이 종식되는 1977년까지의 시기다. 정부의 이데올로기 선전 도구로서 출발한 드라마는 문화대혁명과 자본 부족으로 인한 콘텐츠의 양적·질적 부진과 영화의 텔레비전 방영 등 정치적·경제적 영향 아래 부침을 거듭했다. 문화대혁명이 지나고 영화와 텔레비전의 미디어 분리가 이뤄지면서 비로소 드라마 제작이 활기를 띠었고, 시장화 영향으로 생산 체제 변화가 일어났다. 이 시기가 바로 두 번째 발전 단계인 1978~1990년대 중반까지다. 이 시기에 제작 생산 체계의 시장화 및 규격화가 일어났으며, 드라마 생산 체계의 물질적 기반을 갖추게 되었다. 마지막으로 1990년대 중반부터 현재에 이르는 시기로, 문화산업 발전과 다양한 미디어 시대 개막을 통해 드라마 장르와 내용적 발전을 동시에 구가하는 황금기를 맞이했다. 정확한 연도 구분이 아닌 1990년대 중반이라고 지정한 이유는 1990년대 대중문화 발전의 특징적 시작점을 어느 시기로 볼 것인가에 대한 논란 때문이다. 천안문 사건이 발생한 1989년 이후 사회 전반에 침체적 분위기가 지속되면서 이를 극복하기 위해 덩샤오핑鄧小平은 1992년 남쪽 도시를 순방하며 경제 발전을 독려하는 남순강화南巡講話를 발표했다. 이를 계기로 중국 사회는 본격적인 현대화 발전 과정을 시작하기 위한 몇 년의 준비적 전환기를 거쳤다. 이러한 정치·경제적 분위기 전환에 따라 1980년대와는 다른 1990년대의 문화적 특성이 드러나는 분기점을 1990년대 중반이라 표현하기로 한다.

1) 1958～1977년:
중국 정치의 경제·문화 전면 통제기

1958년 중앙텔레비전방송국中央電視臺은 중국 최초의 드라마 〈채소 떡 한 입一口菜餅子〉을 사전 녹화와 편집이 없는 생방송 형식으로 전파했다. 기아에 허덕이면서도 채소 떡 한 입을 딸에게 먹이려는 눈물겨운 모정을 그린 내용으로, 당시 자연재해로 인한 식량난과 절약 정신을 선전하기 위해 제작됐다. 중국의 드라마는 시청자들의 일상생활을 반영하면서도 정부의 여론 주도 역할을 강화하는 도구로 시작했다. 이후 1966년 문화대혁명까지 중국 드라마는 시사 정치의 선전 도구로 정치적 경향이 매우 뚜렷했고, 영화 기법과 연극 무대 연출 방식을 주로 모방했으며, 촬영과 방영이 동시에 이뤄지는 형식이 주를 이뤘다. 따라서 당시 텔레비전 방영 드라마는 녹화본이 존재하지 않아 현재는 현장을 기록한 몇 장의 사진으로 정황을 추측할 뿐이다. 그리고 독립적 지위와 형식을 구축하지 못한 채 문화대혁명이라는 정체기를 맞이했다. 영화는 영화관과 극장의 존폐 기로에서 독립적 지위와 형식을 구축하기 위해 텔레비전 방영을 위한 필름 제공 관행을 철폐했고, 이를 계기로 텔레비전 드라마와는 다른 규범과 갈래를 형성했다.

문화대혁명 이후 개혁개방 정책이 시행되면서 문화 상품이라는 개념이 생겨났다. 지식인들은 당시 노동자로 자처했고, 정신적 산물 생산에 종사하면서 이에 대한 책임이 있다고 생각했다. 당시 사회 구성원의 문화적 수요를 만족시키기 위해 이른바 교육 및 오락 기능을 가진 '정신적 산물'이 생산됐고, 생산 주체는 지식인 계층에 국한됐다. 지식인들이 지식 생산 및 상품 생산 과정에서 '3차산업'이라는 개념에 관심을 두면서 이 개념이 확산됐다. 이로써 문화산업의 개념은 '과학, 문화, 교육, 위생' 등 정신적 자산을 창조하는 분야로부터 독립해 나왔다. 사회적 분위기 전환과 경제·사회 구조 변화에 따라 오락적 요구가 생겨남으로써 드라마 발전의 새로운 계기를 마련했으며, '산업화 생산'이라는 사고방식이 더해져 산업화에 박차를 가했다.

2) 1978~1990년대 중반:
시장체제 도입과 제도 마련 및 도약기

개혁개방 이후 상황을 간략히 살펴보면, 1978년부터 1983년까지 드라마 창작이 재개되기 시작했으며, 이 시기가 부흥을 위한 준비 기간이라 할 수 있다. 개혁개방 이후 처음 열린 전국 텔레비전 프로그램 회의에서 중앙광파사업국中央廣播事業局은 국가 창립 30주년을 맞아 드라마 및 텔레비전 프로그램 수요가 급증할 것을 예상해 중국 각지 지역 방송국의 드라마 제작 재개를 허가했다. 이때부터 중국 드라마는 독자적인 형식과 내용 개발에 박차를 가했다. 드라마에 광고가 삽입되기 시작했으며, 방송국 이윤 추구 모델에 변화가 생기면서 드라마 제작 모델이 비약적으로 발전했다. 이 시기 처음으로 장편 드라마가 출현했고, 사회와 인생의 가치관을 반영한 드라마가 인기를 끌면서 대중문화의 주요 미디어 형식으로 자리매김했다.

1982년에 이르러 드라마가 여러 의미에서 사회적 관심을 받으면서 방송국의 제작과 방영에 관한 제도적 개선이 마련되기 시작했다. 또 대중의 인기가 곧 시청률과 관련 있음에 주목하면서 시청자를 중요한 요소로 인식했다. 같은 해 중국 최초의 드라마 제작소인 베이징 드라마 제작소가 문을 열었다. 1983년에는 드라마 제작센터가 설립됐다. 1984년은 드라마 역사상 중요한 전환점이 되는 해인데, 이때부터 드라마 생산 및 제작 과정에 과도기적 형식이지만 규격화와 표준화가 시도됐다. 즉 드라마 제작에 국가 투자와 기업 융자를 동시에 받을 수 있도록 '쌍궤제雙軌制'를 실시한 것이다. 이에 제작 수량이 급증했고, 장편 드라마 형식이 점차 주요 창작 형식으로 자리 잡았다. 주제와 제재도 다양해지면서 유명한 극작가와 감독이 대량 출현했고, 드라마 연기자가 대중의 우상으로 떠오른 것도 바로 이 시기다. 그리고 주목할 것은 이 시기부터 국가가 전적으로 관리하던 드라마의 투자, 제작, 배급에 시장 및 기업 자본이 진입하면서 상업화·상품화의 길을 걷게 됐다는 점이다.

그러나 드라마 제작 및 방영이 시장의 드넓은 바다와 만나면서 발전과 성숙을 거듭할 외재적 조건과 기회를 맞이했지만, 관방의 여론 주도와 국가 방침에 대한 미디어의 비호적 기능 및 이데올로기적 작용이 여전히 강한 구속력을 갖고 있었다. 매년 드라마 좌담회에서는 '사상성과 예술성을 동시에 갖춰야 하는 원칙하에 드라마를 평가함으로써 시청자에게 올바른 여론 방향을 설정해 드라마의 번영과 질적 향상을 제고한다'는 기본 방침에 따라 드라마 제작 경향과 생산 계획 방향을 결정한다. 이는 마오쩌둥의 옌안문예강화延安文藝講話[6]에서 보이는 정치와 문예의 관계적 틀을 연상시킨다. 여기서 드라마를 평가한다는 것은 수상 제도로 우수한 드라마를 가리고 향후 창작될 작품이 참조하도록 한 것인데, 드라마 제작 기술과 심미적 수준을 제고한다는 명분으로 드라마의 내용과 주제를 규격화하고 표준화하는 결과를 낳고 말았다. 이 과정으로 탄생한 대표적 장르가 바로 '주선율 드라마'다. 주선율

---

6 1942년 옌안에서 열린 문예좌담회에서 마오쩌둥이 발표한 문예 창작 방향에 대한 지침으로, 이듬해 〈해방일보解放日報〉에 내용 전문이 게재됐다. 이 회의에서 나온 "문학은 정치에 복무한다"는 유명한 말로 회의 주지를 짐작할 수 있다.

드라마는 사상성, 예술성, 심미성 등의 기준에 부합할 이상적 조건을 제시하는 드라마로, 모든 드라마의 제작 표본이 됐다.

1980년대 문화산업과 미디어 변화 발전은 당, 정부, 기업이 통합되는 방향으로 나아갔다. 이는 국가가 주도하고, 집단이 참여하며, 개인이 보충하는 형식을 말하며, 이것이 문화산업의 구조를 형성했다. 중국의 시장화 체제 전환 이후 드라마 창작과 생산 방식 역시 시장 적응이 필요했으며, 이 과정에서 시청자 대중의 역할이 중요한 요소로 떠올랐다. 시청자는 미디어 전파 내용의 수용자이자, 동시에 소비자로서의 개념으로 자리 잡았다. 1980년대에는 문화대혁명의 상처를 기억하고 트라우마를 치유하는 문학 작품이 유행했는데, 이러한 사조를 '상흔傷痕'과 '반사反思'라고 한다. 텔레비전 드라마 역시 이 흐름에서 크게 벗어나지 않았으며, 당시 상흔 영화와 함께 〈잃어버린 세월蹉跎歲月〉(1982), 〈오늘 밤 눈은 내리고今夜有暴風雪〉(1984) 등 문화대혁명 시기 상산하향한 지식청년을 그린 상흔 드라마가 유행했다. 그 밖에 〈사대동당四代同堂〉(1985), 〈누르하치奴爾哈赤〉(1986), 〈서유기西遊記〉(1986), 〈홍루몽紅樓夢〉(1987) 등 현대 소설과 고전을 장편 드라마로 개작한 작품들이 사랑받았으며, 중국 근현대사와 건국 역사를 주제로 애국심을 고취하고 인생의 가치관과 민족정신을 강조하는 주선율 드라마가 다수 제작되어 방영됐다.

3) 1990년대 중반~현재:
다양한 미디어와 문화산업의 연계와 확장을 통한 황금기

1993년부터 2003년까지 10년간 중국 드라마는 예술적 성취와 발전을 이뤘다. 드라마 제재가 풍부해졌고, 스타일에서도 세계의 대중문화와 함께 참조 체계를 이루며 다양성을 추구했다. 1990년대 중반부터 중국 미디어의 자본 운용에 이전 체계와는 다른 변화가 생겼다. 기업화와 집단화를 개혁하며 미디어 그룹을 설립했고, 미디어 자원을 통합해 미디어 운용 규모를 확대했다. 1999년 11월에는 국무원사무실國務院辦公廳이 발행한 정보산업부와 국가광전총국(中國廣電總局, 이하 광전총국)에 대한 "라디오 텔레비전 유선 네트워크 건설 관리에 대한 의견"을 통해 텔레비전과 라디오, 유무선 네트워크를 합병하고, 텔레비전 산업을 그룹화했으며, 전국 각지의 텔레비전 채널 전문화를 추진했다. 이로써 중국 미디어와 텔레비전 사업은 전문화와 자본 경영화 시스템을 갖추게 됐다.

1996년 국가광전부는 베이징에서 전국 최초로 텔레비전 프로그램 교역회를 개최했는데, 이는 드라마를 포함한 중국 텔레비전 프로그램이 정식으로 시장에서 교환과 매매의 대상이 되었음을 보여 준다. 이미 1994년 드라마 〈경도기사京都紀事〉, 〈뉴욕의 베이징인北京人在紐約〉에 자본 투자와 협찬으로 광고가 출현했으며, 이를 계기로 광고 시간을 화폐 형식으로 대체해 텔레비전 방송국 간에 프로그램 상호 교환 방식이 이뤄졌다. 시장화는 방송국과 텔레비전 사업의 영리 모델에 영향을 미쳤는데, 여기서 드라마 중간 삽입 광고가 영리 모델의 중요한 이윤 창출 요소로 떠올랐다. 이를 통해 '황금시간대'에 방영되는 드라마가 상품화됐으며, 정치·경제적 효용의 결탁에 따라 선별됐다. 드라마의 오락적·교육적 기능은 드라마가 노동력 재생산과 사회 질서 유지에 이용되도록 시청자가 밀집되는 시간대에 개인의 거실에서 시청이라는 형식으로 이데올로기 전파 및 오락, 소비가 일어나게 하는 것이다. 동시에 황금시간대는 최대한의 광고 수익을 올릴 수 있는 시간대이기도 하다.

1990년대 중후반 중국에 인터넷이라는 뉴미디어가 출현하면서 이윤을 주로 광고에 의존했던 텔레비전 방송국에 영리 모델의 위기가 찾아왔다. 대기업 광고가 인터넷 미디어로 분산되면서 1997년부터는 전국적으로 방송국 광고 수입이 축소됐다. 텔레비전 미디어는 뉴미디어와 경쟁하기 위해 영리 모델을 다변화하는 동시에 콘텐츠 다양화라는 도전에 직면했다. 텔레비전 산업의 경영과 선전은 관리 방식과 운용 메커니즘이 다르기 때문에 관방과 기업의 역할, 소유권과 경영권이 분리됐다.

2005년 이후에는 한국을 비롯한 다양한 해외 드라마가 수입되면서 시청 붐을 형성했고, 인터넷 텔레비전 채널과 인터넷 동영상 플랫폼을 중심으로 자체 제작 드라마가 탄생했다. 한편으로 기존 텔레비전 드라마는 인터넷 영역이라는 새로운 방영 판로를 얻었고, 다른 한편으로 한류 드라마 붐과 더불어 세계 각국 드라마와 경쟁하며 제재의 다양화와 콘텐츠 개발에 박차를 가했다. 여기에 인터넷소설이 인기를 끌면서 영화, 애니메이션, 게임 서사 등 다양한 미디어와 결합한 IP산업(지적재산권을 기반으로 파생된 문화산업)이 성장함에 따라 드라마 역시 다양한 원천 서사와 결합해 장르가 풍부해지면서 바야흐로 비약적으로 발전하는 중이다.

3. 중국 텔레비전 드라마 생산 메커니즘

1) 드라마 생산 메커니즘의 형성 배경

① 시장체제 이행과 사회주의 정치 이데올로기 변화

1958년 중국 최초의 드라마가 출현한 이래 문화대혁명이라는 정치·문화적 격동기의 제작 침체기를 거쳐 정돈과 회복에 이르는 1970년대 중반까지 드라마의 제작 및 생산, 심사에 관한 명확한 규정이 마련되지 않았다. 문화대혁명 이후 몇 년간 텔레비전 프로그램 심사와 제재 기준은 문화대혁명의 정치적 입장과 평가에 대한 경계가 주를 이뤘고,[7] 이 역시 관련 부문의 영도자나 고위 간부의 '강화講話'가 심사와 표준의 잣대로 작용했다.

---

7   張永峰, 「中國電視劇審查制度的形成」, 『新聞大學』, 2014年第1期, 62쪽.

그러나 1970년대 말부터 1980년대를 거치며 중국의 개혁개방이 가속했다. 결국 중국 내부의 민주화 목소리와 사회주의 동구권 몰락 등 국제 사회 변화가 감지되는 1980년대 말과 전면적 시장화 및 현대화를 선포한 1990년대 초반에 이르기까지 중국은 사회주의라는 국가 이데올로기 견지와 현대화·시장화라는 시대적 과업을 동시에 추진했다. 문화대혁명에 대한 정치적 반성과 검토가 충분하지 않은 상태에서 추진된 개혁개방은 그동안 국가 이데올로기를 지탱하던 혁명이상주의 퇴조를 불러왔다. 이와 더불어 정치적 이데올로기의 대척점에 서 있던 서구 이데올로기가 변화와 발전을 추진하는 데에 시장화와 현대화의 학습 모델로 새롭게 주목받았다. 이에 중국은 이데올로기적 기반의 와해 속에서 국가 이데올로기의 정체성 유지와 사회주의 이데올로기 공고화라는 모순에 처했다.

이때부터 중국 정치는 혁명이상주의라는 '고유한 의미로서의 정치' 이데올로기가 지배하던 시대에서 사회 질서 유지를 위한 사상 안전 강화와 이데올로기적 보호라는 치안 정치가 지배하는 시대, 즉 탈정치의 시대로 전환한다. 중국의 혁명이상주의가 갖고 있던 '고유한 정치'라는 의미에서의 정치는 자리를 부여받지 못한 농민과 사회에서 배제된 수많은 사람이 공적 영역의 지배적 지위를 가진 사람과 동등하게 인정받고 목소리를 낼 수 있도록 하는 투쟁 과정이다. 또한 이는 자신들의 억압을 말하고 적법한 권리를 인정받을 뿐만 아니라, 자신들의 보편적 대변자로 '중국공산당'을 내세움으로써 건국이라는 형태로 혁명을 완수하는 과정을 포함한다. 그러나 문화대혁명 과정이나 우파 및 정신 오염 척결 등과 같은 이데올로기적 운동은 이미 혁명이상주의가 '고유한 정치'로 작동하지 못하고, 사회 질서 유지를 위한 '치안의 정치', 즉 탈정치화된 정치로 전환되고 있음을 보여 준다. 치안의 정치하에서는 '평등과 자유', '인민의 대변자로서의 공산당'이라는 이미 공백이 되어 버린 보편성의 원리, 그리고 배제된 무수한 사람들의 잃어버린 목소리 사이에서 만들어지는 긴장이 어떠한 정치적 계기도, 사건도 만들지 못하도록 동질한 이데올로기적 공간을 형성한다. 특히 경제 발전과 현대화 담론 강화는 이러한 치안 정치의 공고화에 합법적 근거를 제공했다.

개혁개방 이후 사회주의 혁명이상주의와 시장 이데올로기의 갈등 국면이 형성되면서 사상 안전에 대한 위기의식이 확산했으며, 주류 이데올로기가 점차 치안 정치를 위한 이데올로기로 기능했다. 서구적 이데올로기 영향을 많이 받는 대중문화 영역에서도 규제와 제도 정비가 시작됐다. 텔레비전 드라마를 포함한 영상 미디어 역시 당시 주류 이데올로기의 경향이 그대로 투영된 제도적 자장磁場 안에 포획될 수밖에 없었다.

② 시장체제 적응과 주류 이데올로기 강화

개혁개방 이후 시장경제 확산과 더불어 드라마 제작·생산 영역
의 시장화와 현대화, 규범화 과정이 동시에 진행됐다. 드라마의
생산 기획과 자본 운용, 제작 및 발행 단계마다 국가 부문과 관방
부문의 직접 관리에서 시장 법칙에 따른 적절한 방임과 분리가
이뤄져야 했다. 이에 경제적 구조 변화에 따라 드라마 생산 영역
역시 시장체제로 이행되면서 새로운 제도와 규정이 출현했다. 완
전 시장화가 아닌 관방 주도하의 시장체계가 계획적으로 운용되
기 시작했기 때문에 이러한 경제 구조적 특성이 드라마 생산 메
커니즘 형성에 반영됐다. 먼저 중국의 드라마 생산 시스템은 기
획規劃/立項, 제작制作, 심사審査, 발행發行의 네 단계로 구성된다. 시장
경제 도입 후 드라마 생산 시스템에서 시장 역할과 자본 영향력
이 커짐에 따라 이를 관방이 분할 관리할 수 있는 제도적 장치가
마련됐다. 이 과정에서 발생하는 사회주의 국가 이데올로기와 시
장 이데올로기의 마찰에 대해 심사 제도가 정비되기 시작했다.

기획 단계는 관방의 직접 관리 방식에서 방송사 및 제작 단위
가 직접 생산을 기획하고 관리하는 단계로 점차 변화했다. 일시
적인 유행에 따라 장르와 주제가 편중되거나 유사한 작품이 늘어
나는 현상이 발생했고, 드라마 내용의 질적 저하가 문제시되면서
폐기되는 작품이 많아졌다. 이에 따라 관방은 경쟁을 통해 자생
력을 확보하는 방식 대신 조정과 관리라는 개입의 방식으로 시장

을 운영했다. 드라마 내용의 질적 제고와 경제적 효용을 꾀하기 위해 1984년부터 "드라마제재 기획회의電視劇題材規劃會議"를 매년 개최했다.8 이 회의를 통해 관방은 매년 드라마 창작과 생산 전반의 주제와 방향을 결정하고, 장르에 따른 제재, 총 제작 편수와 생산 규모, 한시적으로 편성되는 특별기획 드라마 등 거시적 청사진을 제시했다. 즉 "드라마제재 기획회의"는 이데올로기적 방침에 따라 시장을 계획한다. 관방이 자율성과 경쟁체제라는 시장의 역할을 어느 정도 제어하고 관리하는 것은 국가 정책과 드라마 생산 영역을 긴밀히 연결하고 생산성과 질적 제고를 꾀함으로써 활력을 부여하고자 한 "주선율을 강조하고, 다양화를 견지한다弘揚主旋律,堅持多樣化"라는 전략적 기조와 합치한다고 볼 수 있다.

드라마 제작은 원래 관방이 관리하는 방송국에서 담당했다. 그러나 제작 여건과 자본 부족으로 정부가 방송국 외 부문과 일부 민간 자본 역량에 부분적으로 드라마 제작 참여를 허용했다. 이를 계기로 점차 제작과 방영이 분리되기 시작했다.9 이에 정부는

---

8   이 회의는 2006년 폐지되고, 대신 "드라마 제작 사전 공시제"를 현재까지 시행하고 있다. 모든 드라마는 제작 준비 단계에서 전체 제작 단위와 기관이 사전 신고와 심사를 받으며, 심사 결과를 공시한다. 이 제도는 이전보다 시장 자율성에 더욱 중점을 부여하면서도 심사 과정이 간소화됨에 따라 제작자의 이데올로기적 자아 검열이 더욱 강화됐다.

9   제작과 방영의 분리 방식으로 제작된 최초의 드라마는 〈신랑의 죽음新郎之死〉(1980)다. 즉 방송국이 아닌 외부 기관이 제작하고, 방송국이 판권을 구매해 방영하는 방식이다. 이때부터 드라마에 광고가 삽입됐으며, 드라마 내부에 간접광고軟廣告 형식이 나타나기 시작했다. 그러나 본격적으로 제작과 방영이 분리되어 적용된 시기는 드라마 생산에

1986년부터 "드라마 제작 허가증 제도電視劇制作許可證制度"를 실시해 제작자의 정치적·사상적 자질을 심사하고 검증하도록 했다. 특히 1992년 이후부터 드라마 산업이 3차산업으로 규정되어 본격적 산업화의 길로 들어서면서 제작과 방영이 완전히 분리됐고, 이에 따라 "영상제작 경영기구 관리 임시 규정影視制作經營機構管理暫行規正"(1995), "드라마 제작 허가증 관리 규정電視劇制作許可管理規正"(1995) 등 관련 조항이 발표됐다. 이는 민영기업(자본)의 제작 과정 참여를 공식적으로 승인하며, 이에 따른 관리 조항을 제정한 것이다. 또한 방영은 '드라마 발행 허가증電視劇發行許可證'을 보유한 기관에서만 할 수 있도록 제한했다. 이는 유입된 민간 자본이 만든 오로지 이윤 창출만을 위한 상업적·오락적 내용이 국가 혹은 주류 이데올로기를 압도할 수 없도록 만든 조치다.

시장 역할과 자본 영향력 확장에 따른 관방의 제도적 장치 마련은 관방이 관리 능력과 시장 이데올로기 영향력 사이에 균형을 유지하고 있음을 보여 준다. 또한 드라마 생산의 기획부터 극본, 완성작, 방영까지 관방이 이데올로기적 영향력을 가장 강력히 발휘할 수 있는 부분이 바로 드라마 심사 규정에 따른 내용 심의다. 중국 관방은 경제 구조 전환 이후 주류 이데올로기 강화를 위해

시장화가 진행된 1992년 이후부터다. 楊旦修, 『規制與發展－中國電視劇産業化進程研究』, 南京大學博士學位論文, 2011, 65쪽.

서구 자본 이데올로기를 경계하며 드라마 영역에서 외국 드라마와 방송 콘텐츠를 제한했다. 이는 중국 내 드라마 심사 규정을 형성하는 데 중요한 참조가 됐다. 즉 드라마 심사의 기본 바탕이 사회주의, 혹은 혁명이상주의 퇴조에 대응해 사회 질서를 유지하려는 문화적·심리적 방어 기제이며, 그 바탕에 이데올로기적 문제에 기인하는 정치적 목적의식이 있다고 할 수 있다.

2) 드라마 관리 제도

① 드라마 제편인의 출현

중국 드라마는 문화대혁명이라는 침체기 이후 대략 5년이라는 짧은 회복기와 조정기를 거쳐 개혁개방이라는 변화 속에서 시장경제에 적응하며 발전을 꾀해야 했다. 그리고 1980년대 이후 국가의 관리 감독 하에 시장경제의 영향력이 점차 확대됐다.[10] 대중의 오락적 수요 증가에 따라 텔레비전 문화산업 발전이 촉진됐으며, 드라마 상품화와 산업화 변화 추세에 따라 드라마 시장 관리

10　개혁개방 이후 중국은 서구를 모델로 하는 현대화의 길을 걸었으며, 심지어 '전면적 서구화全盤西化' 기치를 내걸었다. 이 모델은 중국의 정치·사상 안전에 위협이 됐고, 언론, 방송, 문화를 다루는 미디어 내용을 검열하고 관리할 필요성이 제기됐다."중공중앙의 신문·뉴스·라디오 선전 방침에 관한 결정中共中央關於當前報刊新聞宣傳方針的決定"(1981년 중앙7호 문건) 이후 그간의 검열을 제도화·체계화하고, 정신 오염을 척결하며, 사상 인진을 보장할 수 있도록 영상 미디어 등을 엄격하게 검열했다. 張永峰,「中國電視劇審査制度的形成」,「新聞大學」, 2014年第1期.

자인 '제편인制片人'이 출현했다. 이들은 시장 기제 도입에 따른 관리 인력의 필요로 생겨났으며, 제도 변환기에 국가가 관련 법규를 마련하지 못하던 차에 자생적으로 생긴 '전문 인력'이다. 초기에는 드라마 촬영감독, 연출가 등 제작 종사자들이 겸직했고, 자금 유치 등 투자자의 이익을 대변하는 동시에 광전총국이 제시하는 심사 기준과 각종 제도적 난관을 장악하고 관리했다. 이렇게 자생적으로 생겨난 드라마 제편인은 이후 대학에서 관련 전공이 설치되는 등 전문 인력으로 양성됐으며, 국가 관리 규정에 따라 명문화·제도화됨으로써 드라마 제작 전반에 걸쳐 중요한 영향력을 행사했다.[11] 이후 제편인은 사상성 및 업무 수행 능력을 평가하는 국가 시행의 자격 검증을 통과한 후 '드라마 제작 허가증'과 '드라마 발행 허가증'을 얻어 드라마 제작 및 발행에 참여할 수 있었다.

드라마 제편인 제도는 시장 기제에 맞춰 드라마 생산 및 제작의 효과적 관리와 운용을 가능하게 했다. 또한 시장적 요소(시청률과 이윤)와 비시장적 요소(드라마 내용 심사 및 정부 주관의 드라마

---

11 1994년 상하이 텔레비전방송국上海電視臺이 드라마 제작 부문을 독립시켜 '상하이 드라마제작사'를 설립한다. 이를 기점으로 중국 드라마 제작의 "위탁계약 제작제承包合同制"가 시행되고, 제편인을 중심으로 하는 드라마 관리 모델이 형성됐다. 본래 제편인은 드라마 생산 체제 밖에서 자생적으로 생겨난 전문인이지만, 점진적으로 제도권 내로 들어와 자리 잡기 시작했다. 2001년 12월 31일 광전총국이 반포한 "드라마 제편인 신분자격 제도電視劇制片人持證上崗制度"(광전총국령 제11호, 2002년 시행)에 따라 정부는 드라마 제편인의 공식적인 직책을 승인했다.

수상 제도 심사 등)의 관계를 관리·조정한다. 그래서 제편인은 심사와 각종 규정을 관리하는 '관방 주체'이자, 시장 이윤을 추구하고 관리하는 '경영 주체'인 동시에, 제작과 생산 과정을 지휘하고 참여하는 '생산 주체'이기도 하다. 제편인 제도는 드라마 생산이 정부 주도 체제에서 정부 주도의 시장체제로 변화함에 따라 생겨났다고 할 수 있다.

1990년대 이후 드라마 제작 영역의 시장체제 활성화에 따라 중국 정부는 기획, 투자, 생산 과정에 직접 참여하고 주도하던 역할에서 벗어나 '관리자' 역할로 전환했다. 특히 드라마 생산에서 가장 중요한 3요소가 투자자, 정부, 시청자인데, 투자자는 자본의 인격화된 형상, 정부는 제도화된 국가 이데올로기, 그리고 시청자는 드라마 생산에 직접적으로 참여하지는 않지만 시청률과 이윤을 결정하는 '보이지 않는 손'이다. 드라마 제편인은 이 세 가지 요소를 조정하고 관리하는 중심에 위치한다.

또한 중국 드라마 생산 체계 가운데 제편인 제도를 통해 정부가 주도하는 중국식 발전 모델, 즉 자본의 논리가 사회에서 잘 운용되도록 지원하고 관리하는 중국 특색의 '정부–시장 관제政府-市場管制'를 파악할 수 있다. 중국 정부는 국가의 사상적 안전을 보장할 수 있는 범위 내에서 드라마 생산과 이윤 추구 활동을 허가하며, 효과적인 국가 이데올로기 전파를 위해 상업적·오락적 요소도 필요함을 인식했다. 물론 중국에서 국가와 자본의 이데올로기는 결코 일치하지 않는다. 정부와 시장의 관계에서 정부의 위치와 역량은 여전히 주도적이고 큰 영향력을 발휘하지만, 정부와 시장이 이익 공동체라는 새로운 관계를 형성하게 됐다. 이를 통해 자본과 시장 발전에 유리하게 작용하도록 국가의 태도가 전환되고 있음을 발견할 수 있다. 드라마 생산 영역도 마찬가지다. 이 시기 부단한 제도 개혁과 변화 속에서 각종 규제와 규정이 결국 원활한 시장화와 규범화를 지원하는 데에 중점을 두고 있다고 볼 수 있다.

② 중국식 드라마 관리 제도의 형성

중국은 지난 개혁개방 30년의 역정을 마감하고, 또다시 새로운 도약과 발전의 시기를 준비하고 있다. 지난 30년의 현대화는 서구를 현대화의 발전 모델로 삼아 시장화와 시장경제의 기틀을 마련하는 과정이었다. 문화열의 시대라는 1980년대의 탐색기를 거치면서 중국의 전통 문명에 대한 자성적 태도와 서구에 대한 동경은 전면적 서구화 기치를 내걸고 발전에 총력을 기울인 원동력이 되었다. 그러나 발전주의와 세속주의적 가치가 빠르게 증식하고 견고해져 중국식 시장경제의 동력으로 작용했지만, 부정부패와 부의 분배 불균형 등의 부작용을 낳았고, 중국공산당과 공산혁명이라는 이상에 대한 실망감을 확산했다.

중국은 현재 지구적 자본주의라는 외적 상황과 경제 성장 둔화, 노동자 저항, 민주화 요구 등 여러 내적 상황을 동시에 직면하며 새로운 개혁과 조정의 필요성을 절감하고, 다양한 혁신과 발전 전략을 수립하는 거시적 전환 단계를 준비하고 있다. 또 시대적 전환점을 맞이해 시진핑習近平 정부 출범 이래 개혁과 발전을 위한 청사진으로 '중국몽中國夢'[12]을 제시하며, '중화'민족과 문화를 중심으로 하는 '대국굴기'를 선언했다. 이는 지난 30년간 발전 성과에 대한 중국인의 자신감 표현이자, 인민의 꿈을 민족과 국가로 수렴하려는 중국 정부의 의지 표현이기도 하다.

'중화'는 공산당이 단결과 통일의 애국주의를 구심점으로 삼아 정치, 경제, 문화를 이끄는 주체로서 정체성을 공고히 하려는 이데올로기다. 중국몽은 세계 경제 위기 상황에서 세계의 중심으로 다시 서고자 하는 부흥과 대국굴기의 꿈이며, "중국공산당 성립 100년이 되어 전면적인 샤오캉사회 건설 목표를 반드시 실현하고, 신중국 성립 100주년에는 중화민족 부흥의 꿈을 다시 실현"하도록 하는 '두 개의 백년兩個一百年'이라는 원대한 목표다. 이는 지난 30년간 개혁개방의 역정에서 보여 준 중국 문화와 문명에 대

---

[12] 2012년 11월 29일 시진핑은 '부흥의 길復興之路' 참관 후 '중국몽'에 대한 담화를 발표했다. 중국몽은 애국주의를 핵심으로 하는 민족정신, 개혁, 혁신을 바탕으로 '국가 부흥, 민족 진흥, 인민의 행복'을 주요 골자로 하며, 이를 위해 꿈과 노력, 13억 인민의 단결을 강조한다. 또한 이러한 부강 민족의 꿈은 샤오캉小康사회, 더 나은 생활 구현과 밀접한 연관이 있으며, 이는 중국의 사회주의 경제 건설, 문화 건설, 생태 문명 건설의 목표로 이어진다.

한 통렬한 반성과 비판, 즉 깨뜨림(破)의 "반反전통"을 넘어 다시 '중화' 이데올로기로 중국몽을 다시 세우고자(立) 하는 "찬贊전통"으로 연결된다.[13] 그리고 지속 가능한 중화라는 하나의 공동체와 강력한 통합 및 결집을 소구하며, 이는 공산당 중심의 강력한 중앙 권력을 소환한다. 이는 지속적인 발전과 경제 번영을 위해 애국주의와 민족주의를 기반으로 전 인민의 단합과 단결을 추구하는 시진핑 정부의 전략적 목표와 밀접한 관련이 있다. 시진핑 정부는 후진타오 전 주석과 같은 집단 지도 체제에서 벗어나 1인 체제를 구축하고 있다. 주요 회의와 담화를 직접 주도하고, 18대 3차 회의 이후 결정된 전면 개혁 소조를 전면에서 이끌며 실질적이고도 막강한 영향력을 발휘하고 있다. 또한 시진핑 자신이 '홍이대紅二代' 출신[14]으로서, '관이대官二代' 출신이던 이전 주석들보다 더

13 　이를 단적으로 보여 주는 예가 1988년과 2006년에 방영된 다큐멘터리 〈하상河殤〉과 〈대국굴기大國崛起〉다. 문화열의 정점에 보여 준 〈하상〉은 전통문화를 근본적으로 개조하고, 철저하게 재건립해야 한다는 당시 지식인의 철저재건론을 비롯한 자성의 태도를 엿볼 수 있는 반면, 〈대국굴기〉는 9개국의 흥망성쇠를 보여주며 "反전통이 아닌 贊전통"을 드러낸다. 그리고 다음 대국은 중국의 차례임을 알리며, 문화의 소프트파워와 중화를 구심점으로 부활하는 대국을 예고한다. 이정인, 「사회주의 정신문명'에서 '중화문화'로의 이동-개혁개방 이후 중국 문화정책의 흐름」, 『중국문화연구』 제24집, 2014, 79~82쪽 참고.

14 　중국의 홍이대는 모두 관이대이기도 하지만, 관이대가 모두 홍이대인 것은 아니다. 관이대는 대개 중공 관원의 후대지만, 홍이대는 중국 혁명에 몸소 참여한 중공 홍군의 후대만을 의미하기 때문이다. 1940~1950년대 출생자들은 옌안 시기의 어린 시절 추억이 있으며, 문화대혁명 때 중학교에 다녔고 홍위병 경험이 있다. 이들은 아버지가 이룩한 혁명 과업을 아들이 계승한다는 '홍색 강산 의식打紅山座紅山,讓紅色江山代代相傳'과 사명

욱 강한 혁명 계승 의식, 당에 대한 충성, 사명감이 있는 만큼 현대 중국 정권은 더욱 보수적 경향으로 흐를 가능성이 있다. 이런 경향은 미디어 문화 산업 관리에서의 사상적·이데올로기적 검열과 감독 강화로 드러나고 있다. 규율과 사상 안전은 사실상 분리될 수 없으며, 이는 체제 유지를 위한 권력으로 귀결되기 때문이다.

미디어 영역에서 이데올로기 강화는 더욱 강력하고 유연하게 작동하도록 기획되고 있다. 텔레비전 미디어가 시장체제와 접합하면서 다양한 변화와 생성적 흐름이 출현했고, 이것이 점차 관방 제도에 수렴된 것처럼 인터넷 미디어 영역에서 출현하는 다양한 생성적 변화 역시 제도적 변화를 거치며 관방 관리 체계로의 수렴을 꾀하고 있다. 텔레비전 미디어는 콘텐츠 생산 규격화와 시장체제 적응 등 체질 변화를 겪으면서 체제 내에서 안정적인 운영이 가능해졌다. 이러한 의미에서 텔레비전 미디어의 콘텐츠 제작은 파놉티콘적 관리 체제 내재화로 순응 체제로의 전환을 마쳤다고 할 수 있다. 그리고 인터넷 영역에서는 문자로 구성 가능한 모든 콘텐츠에 합법적 관리를 시도하려는 전면적 관리 체제로 변화하고 있다.

감, 자부심이 있다. 유상철, "강한 시진핑 등장은 필연이다", 〈중앙일보〉, 2015년 4월 1일(검색일. 2015.10.3); 胡平, 「也談紅二代的使命感」, 『中國人權雙週刊』 제125기, 2014. http://hx.cnd.org/?p=98499

중국 문화 정책의 요지는 분명하다. 물질문명과 정신문명을 공산당이 영도하며, 외부의 문화적 침투로부터 사회주의 국가 이데올로기를 더욱 견고히 하고 부단히 재생산하기 위해 지원과 규제의 두 가지 관리 정책을 추진해 왔다. 그렇기에 통제와 검열이라는 수단을 중요한 정책과 전략으로 이용했고, 시장경제에 좀 더 유연하게 대처하기 위해 직접 관리자에서 간접 관리자로의 정책 전환을 시행하기도 했다.

특히 시장체제 도입 당시 경제 건설과 현대화라는 국가적 공공성의 목적과 맞물리면서 문화 정책에도 적극적인 지원을 펼쳤다. 그러나 이는 문화산업을 시장의 직접 운용으로 추동하는 것이 아니라, 시장을 통제 감독함으로써 문화와 그 내용을 정부의 영향력 아래 두려는 것이다. 이것이 바로 문화 영역에서도 드러나는 중국적 특색, 즉 '정부-시장 관제'다. 이 책에서는 대표적인 예로 텔레비전 드라마 제편인 제도를 분석했다. 중국은 시장경제의 산물로 자생적으로 등장한 제편인을 관리 체제 내부로 규범화하면서 드라마 제편인에 의한 자아 검열 체제를 형성했다. 또 인터넷 콘텐츠 생산 관리 역시 관련 종사자들을 체제로 편입해 통제 관리하는 중국식 관리 모델을 적용하려 한다.

인터넷을 포함한 뉴미디어 영역 확대에 따라 중국 정부는 2000년대 후반부터 이러한 관리 방식과 기본 틀을 바탕으로 뉴미디어 콘텐츠 생산 과정의 규범화를 강화하기 시작했다. 그리고 영화 및 텔레비전 등 영상 분야의 관리 감독 과정과 규범을 간결하게 표준화했다. 반면 인터넷, 스마트폰을 중심으로 하는 모든 콘텐츠 생산 과정의 규범과 사상적 이데올로기적 관리를 강화하고, 뉴미디어 내용을 비롯해 전면적 관리를 시도하고 있다. 시진핑 정부 출범 이후 미디어 내용 생산, 제작 및 발행의 핵심 기구인 광전총국이 2013년 국가신문출판광전총국國家新聞出版廣播電影電視總局으로 통합 개편되면서 관리 범위가 출판, 인쇄, 뉴스, 영상 등 미디어 전반으로 확대됐으며 사상적 이데올로기적 관리 감독이 강화되었다. 이후 2018년부터 국가신문출판광전총국의 기능은 유지한 채 국가라디오텔레비전총국國家廣播電視總局으로 명칭이 바뀌었다.

중국공산당은 중국 사회주의 문화의 주체로서 그 위치를 확고히 하고, 다양한 미디어 내용에 관한 구체적 관리 방향을 설정하며, 특히 인터넷 사상 검열에 대한 정부 입장을 명확히 하고 있다. 시진핑 정부는 새롭게 출현한 인터넷 미디어에 대해 체계적인 관리 제도를 규범화하는 것과 더불어 이데올로기적 감독을 강화할 가능성이 크다. 시장경제 적응이 거의 완성 단계에 도달했고, 세계 경제 위기와 성장 둔화라는 국내외 위기에 직면하면서 중국식 사회주의 체제의 지속적인 발전을 추구하기 위해 당-국가의 역량 강화와 내부적 통합이 중요시되기 때문이다.

3) 드라마 심사 제도

① 드라마 심사 제도의 형성

문화대혁명 이후 중국 사회는 조정과 회복을 거쳐 새로운 개혁 개방 시기로 나아갔고, 텔레비전 방송국의 이윤 추구와 소비자의 오락 프로그램 소비 욕구가 반영되면서 외국 드라마를 수입해 방영했다.[15] 이는 문화대혁명 기간 '삼돌출三突出 원칙'[16]에 집중된 양판희樣板戲[17]라는 문예 형식 독점 때문에 황폐해진 대중문화 영역에서 억압적 정치 분위기로부터 해방된 소비자의 오락적 수요를

---

15 "1979년 영화산업 회복과 진흥을 위해 독자적인 예산 편성을 요청함과 동시에 수익성 보장을 위해 텔레비전 방송국에 영화필름을 제공하지 않을 것을 결의했다("영화 배급과 상영관리 체제 개혁에 관한 요청 보고關於改革電影發行放映管理體制的請示報告"). 또한 여러 극단과 촬영 부문의 비용 정상화에 따라 텔레비전 방송국은 심각한 재정난으로 자체 제작 방송을 제외하고 다양한 프로그램을 제작할 수 없었다. 마침 1979년 중미 수교가 재개되고, 미국 텔레비전 드라마가 수입됨에 따라 시청자 수요에 맞는 콘텐츠를 제공할 수 있게 되었다." 張永峰, 「中國電視劇審查制度的形成」, 『新聞大學』, 2014年第1期, 62쪽 10~15번째 줄 요약 발췌.

16 문화대혁명 시기 장칭江靑은 문예 창작의 기본 원칙으로 '삼돌출 원칙'을 제시했다. 첫 번째 원칙은 작품의 등장인물 가운데 뛰어난 인물을 드러낼 것, 두 번째 원칙은 그 뛰어난 인물 가운데 영웅의 면모를 드러낼 것, 세 번째 원칙은 영웅의 면모를 드러내는 인물 가운데 최고의 영웅을 드러낼 것이다. 이 원칙은 문화대혁명 당시 문예 비평의 절대적 기준으로 작용했다.

17 문화대혁명 시기 무대 예술 작품을 일컫는 말로, 삼돌출 원칙에 충실한 '모범극'이라 할 수 있다. 대표적으로 현대경극京劇 〈지취위호산智取威虎山〉, 〈홍등기紅燈記〉, 〈사가빈沙家浜〉, 〈두견산杜鵑山〉이 있으며, 발레극芭蕾舞劇 〈홍색낭자군紅色娘子軍〉, 〈백모녀白毛女〉가 있다.

감당할 자체 프로그램 생산이 어려웠을 뿐 아니라, 방송국 수익 창출을 위한 콘텐츠가 필요했기 때문이다. 또한 경제체제 전환에 따라 방송국의 수익 창출 모델 역시 광고 수입을 통한 방식으로 차츰 전환했다. 특히 지방 방송국은 광고 수입에 제작 경비를 전적으로 의존해야 했기에 저렴한 판권비를 지불하는 해외 텔레비전 프로그램을 대량 방영했다.

중앙 텔레비전을 통해 방영된 해외 드라마는 현대화와 발전에 대한 새로운 상상을 제공했으며, 적대적 대상이 아닌 학습의 대상으로 서구에 대한 새로운 이미지를 형성했다. 그러나 청소년의 패션, 언행, 생활에 영향을 미치고, 모방범죄율이 증가했다는 이유로 방영 금지 처분을 받기도 했다.[18] 이는 사회주의 노선 견지, 개혁개방과 현대화 목표 달성이라는 정치·경제적 이데올로기의 충돌과 모순이 정치적 방향에 의해 조정·관리되고 있음[19]을 보여

---

18 최초의 해외 드라마는 미국의 〈대서양에서 온 사나이大西洋底來的人〉, 〈개리슨 게릴라 팀加里森敢死隊〉 등이다. 〈개리슨 게릴라팀〉은 청소년 모방범죄와 선정성에 대한 우려로 26부작 중 16부작만 방영됐다.

19 1980년 12월 11차 3중전회의와 중앙공작회의中央工作會議에서는 경제 회복과 사상 해방에 대한 방침을 논하면서 "자본계급 사상의 침식을 반대하며", "사회주의 정신문명을 건설할 것"과 "4개 원칙을 위반하는 잘못된 사조를 비판할 것"을 명시했으며, 특히 덩샤오핑은 "사상 해방은 중대한 정치적 문제"이며, "서양과의 교류는 지속되어야 하나, 사상 정치 영역에서의 투쟁은 끝까지 견지할 것"을 주장했다.
http://cpc.people.com.cn/GB/64162/64168/64563/65374/4526454.html
http://cpc.people.com.cn/GB/64162/64165/74856/74964/5150950.html(검색임·2018.7.10)

주는 사례다. 당시 중국 당국은 텔레비전 프로그램의 문화대혁명 평가나 정치적 담론을 경계했을 뿐 아니라, 현대화 요구에 따른 서구 영향력 변화로 인한 정신 오염의 척결과 이데올로기적 안전을 위해 수입 방영되는 영상물에 엄중한 경계 태세를 취했다.

중앙정부는 "문예 종사자들이 국가와 사회 정책에 관심을 갖고 당의 노선과 방침, 정책에 부합하는 목소리를 낼 것을 촉구"했으며, "사회주의 건설의 정확한 여론을 인도할 것"에 대한 지침을 방송계에 하달함으로써 방송국이 자체 내용 심의를 시작하게 했다.[20] 그러나 심사에 대한 명확한 기준이 없었을 뿐 아니라, 드라마 생산 과정에 따른 조례나 규정이 완비되지 않아 체계적 운영과 관리가 어려운 실정이었다. 이에 "전국 텔레비전 프로그램 회의全國電視節目會議"(1981년 제3차 회의)에서 구체적인 심사 기준 제정과 기준에 부합하지 않는 프로그램의 적극적 수정, 즉각적 방영 금지라는 제재 조치를 결의했다. 이는 홍콩과 대만을 비롯한 해외 드라마에 먼저 적용됐다.[21] 주로 수입 판권, 심사 관할 책임, 심사 과정에 대한 논의로, 내용 심사에 관해서는 내용의 건전함과

---

20   "중공중앙의 신문 · 뉴스 · 라디오 선전 방침에 관한 결정"(1981).

21   "텔레비전 프로그램 관리와 홍콩 및 외국 드라마 범람 규제에 관한 통지關於加强對電視節目的管理, 糾正濫播香港和外國電視劇的通知"(1985), "수입된 해외 드라마 관리에 대한 임시 방안廣播電視部關於進口電視劇管理的暫行辦法"(1985). 통지와 규정에 관한 것은 張永峰의 정리를 참고.

수준의 판단 기준만을 간략히 언급했다. 그러나 해외 수입 드라마가 방송국의 주요 수입원이 되자 방영량이 국내 프로그램을 압도했고, 1989년 대내외적 정치 상황 변동에 따라 중국 내 정치·문화적 사상 안전을 더욱 고려하게 되면서 1990년 "해외 수입 드라마에 관한 심사 표준廣播電影電視部關於引進海外電視劇的審查標準"이 발표됐다. 이 규정은 금지 방영 기준을 상세하게 제시하는데, 특히 선정성과 국가사상 안전에 관한 기준이 자세히 명시되어 있다.[22] 이와 동시에 해외 드라마가 중국 국내 제작 프로그램 방영량의 20%를 초과할 수 없으며, 황금시간대에도 15%를 초과할 수 없음을 명확히 했다.[23]

　이후 1995년에 "중외 합작 드라마 관리 규정中外合作制作電視劇管理規定"을 발표했으며, 이는 1999년 제정된 "중국 내 드라마 심사 표준電視劇審查暫行規定"의 기초가 되었다.[24] 중국의 "드라마 관리 규정"

22　제4조에 속한 28개 조항에 방영 금지 처분 기준이 명시되어 있다. 그중 "사회주의 제도에 반대하는 것, 공산당에 반대하거나 중국에 반대하는 것, 중국의 분열을 조장하거나 나쁘게 표현하는 것, 중국인을 멸시하는 것, 자산계급의 '인권', '민주', '자유', '평등'의 가치관 선양을 주제로 하는 것, 미국화된 자본주의의 압제와 수탈의 내용이 포함된 것, 제삼 세계의 독립을 반대한다거나 다른 국가(중국)의 내정간섭에 관한 내용이 포함되는 것" 등을 규제 기준으로 삼고 있다.

23　"드라마 관리 규정電視劇管理規定"(2001, 2002)부터는 해외 드라마가 드라마 총 방영량의 25%를 초과할 수 없으며, 황금시간대(18~22시) 방영량의 15%를 초과할 수 없다고 규정하고 있다.

24　이후보노 "중외 합삭 드라마 관리 규정"(2004), "드라마 신사 관리 규정電視劇審查管理規定"(2004), "드라마 심사 관리 규정 보충 규정<電視劇審查管理規定>補充規定"(2006), "드라

에 의하면, 모든 드라마 제작 단위는 허가증이 있어야 드라마를 기획할 수 있으며, 모든 회차의 내용 및 가사를 포함한 삽입곡 심사를 받아야 하고, 심사 후 수정 권고를 받아들여 삭제와 편집 등의 적극적 수정을 거친 뒤 재심사를 통과해야 발행 허가를 받을 수 있다. 또 완성된 드라마는 발행 허가 비준을 얻어야만 방영 및 수출에 관한 활동을 할 수 있다.[25] 홍콩, 마카오, 대만 드라마를 포함한 중국 경외 드라마中國境外電視劇와 중외 합작 드라마 역시 중국에서 발행 허가를 얻기 위해서는 같은 과정을 거치며, 완성작의 형태로 심사를 받아야 한다.[26] 또한 중대 혁명 역사 드라마重大革命歷史題材일 경우, 별도의 심사 기구와 관련 규정에 따라 심사를 받아야 하며, 관련 기관의 허가 없이 합작 드라마를 제작할 경우 처벌받는다.

처음에는 국내 드라마보다 비중이 높은 해외 드라마와 합작 드

마 내용 관리 규정電視劇內容管理規定"(2010) 등 규정 내용을 몇 차례에 걸쳐 수정 보완했다.

25 드라마 관리 규정, 제3장 드라마 심사에 관한 내용 제20조.

26 한국 드라마는 촬영과 방영이 동시에 이뤄지는 방식이었으나, 중국 시장에 공식 수입되기 위해 중국 제작팀과 내용 협의 및 조정을 거쳐 완성작을 제출하고 심의를 통과한 뒤 방영된 바 있다. 즉 원활한 중국 시장 진출을 위해서는 반드시 관련 심사 규정을 통과해야 하는데, 이를 위해 제작 방식과 시스템을 사전 제작 방식으로 바꾼 것이다. 이 사례를 적용한 최초의 드라마가 〈태양의 후예〉(2016)다. "중외 합작 드라마 관리 규정"에 따르면, 완성작 형태로 중국 관방의 심사를 거쳐야 하고, 중국과 외국이 함께 투자해야 하며, 중국 측 제작 인원의 3분의 1 이상이 반드시 촬영 과정에 참여해야 한다.

라마를 제한·관리하다가 점차 국내 드라마 심사 기준에 적용했다는 점은 주목할 만하다. 이러한 추세는 중국 미디어가 중국 관방 이데올로기의 영향권에 놓여 있다는 점과, 경제적 이윤 창출과 그 동력이 주류 이데올로기를 압도하는 것에 대한 이데올로기적 대응임을 파악할 수 있다. 중국 드라마 관리 체계의 기본 구조는 현대화와 산업 발전을 위한 시장 시스템 적용과 이에 대한 적응이며, 이 모든 관리와 규제는 정부가 주도한다. 그래서 정부-시장 관리 체제를 형성했으며, 이후 드라마 산업 발전과 해외 시장 개척 및 이윤 창출의 극대화를 위해 시장의 영향력이 확대됐지만, 시장의 조절 능력이 정부의 관리와 규제를 압도한 적은 없다. 또한 드라마 생산 영역에서 정부-시장 관리 체제에 일관적으로 작용하는 것은 관방의 주류 담론이자, 국가 이데올로기라고 할 수 있다.

② 효율 관리에서 자기 검열의 순응 체제로

중국은 2000년 이후 비로소 문화사업과 문화산업의 개념을 분리하기 시작했고,[27] WTO 가입 이후 문화 정책이 상대적 소외에

---

27   1997년 9월부터 시행된 "방송과 텔레비전 관리 조례廣播電視管理條例"(제228호)를 살펴보더라도 이 조례는 라디오 및 텔레비전 관리를 강화하기 위해 제정된 것이며, 라디오 텔레비전 '사업' 발전과 사회주의 정신문명 및 물질문명 건설을 위한 것이라고 밝히고 있다(제1장 1조). 그러나 2002년 중국공산당 제16회 중앙위원회 제1차 전체회의(약칭 중공 16대 1차 회의中共十六大第1次會議)에서 문화를 문화사업과 문화산업의 개념으로 나눔

서 점진적 개방으로 나아감에 따라 시장 요구에 따른 문화적 다양성 추구와 중국 사회주의 정신문명 건설이라는 두 과제를 모두 수행해야 하는 모순에 봉착했다. 2000년 이후 광전총국 정책을 살펴보면, 문화산업 발전을 위한 시장체제 구축과 더불어 국가사상 안보를 위한 내용 심사 등 규제에 관한 모색이 동시에 이뤄짐을 알 수 있다. 1990년대 정부 역할은 유연한 '관리자' 역할로 점차 전환하는 특징을 보이지만, 2000년대는 이와 더불어 외부의 사상 침투에 대해 강력한 이데올로기 관리 기준을 제시한다.

2000년 이후 광전총국이 공시한 드라마 관련 규정을 보면, 드라마 제작 및 내용 심사와 관련해 "드라마 제재와 기획 심사電視劇題材規劃立項審查"(2004)와 "드라마 심사 관리 규정"이 제정됐다. 여기에는 드라마 내용의 사상성과 이데올로기적 통과 기준을 제고하기 위해 제편인의 참여 자격을 더 까다롭게 제시하고, 제작 준비 기간부터 소재 선정과 극본 내용을 면밀히 점검하겠다는 의도가 내포되어 있다. 드라마 제작 허가증을 갑종甲種으로만 제한함으로써 제편인을 비롯한 제작 참여자들에게 내용의 이데올로기적인 면에

으로써 전체 문화체제 개혁의 방향과 목표를 명확하게 설정했다. 이듬해에는 각 관련 부문이 "문화체제 개혁 시범 운영에 관한 의견關於文化體制改革試點工作的意見"을 제출함으로써 중선부中宣部, 문화부文化部, 뉴스출판총서新聞出版總署, 국가광전총국 등에서 문화산업 체제 건설과 개혁에 박차를 가했다. 이후 2000년대 이후 출현한 광전총국의 주요 문건들을 살펴보면, 텔레비전 '산업 발전과 진흥'이라는 표현이 더 자주 등장한다. 즉 텔레비전 방송과 이에 포함하는 콘텐츠를 본격적으로 문화산업으로 인식하게 된 것이다.

서 자기 검열을 통한 높은 책임 의식을 부여했다.[28] 또한 심사 신청 가능 시기를 1년에 4회로 제한해 심사의 문턱을 더욱 높였다.

그러나 이후 대중의 요구와 이윤 추구에 따라 드라마 소재와 내용의 다양성을 구현해야 할 필요성이 제기됐으며, 뉴미디어 출현으로 대량의 인력이 뉴미디어 관리로 이관되어야 했기에 자체적인 심사와 관리가 가능해야 했다. 2006년 "드라마 제재와 기획 심사"가 폐지되고, "드라마 촬영 제작 준비 검토 공시 관리 임시 방안電視劇拍攝制作備案公示管理制度"이 시범적으로 시행됐다. 드라마가 일종의 문화 '상품'이고, 경제적 효용을 더욱 중시하게 됐기 때문이다. 기존의 내용 심사 과정은 드라마 완성분의 일부를 제출해야 했으므로 제작 전 비용 절감과 제작 효율성을 고려해 드라마 제작 전 심사 과정과 절차를 대폭 간소화했다. 또한 중대 혁명 역사 드라마가 아닌 일반 드라마의 경우 제작 전 심사 과정을 최소화하여 제목과 줄거리를 제출하는 방식으로 바뀌었고, 그 결과를 매월 인터넷 사이트에 공고하도록 했다.[29]

---

28   드라마 제작 허가증에는 갑종과 을종이 있는데, 갑종 허가증은 을종 허가증을 취득한 후 제작에 참여한 드라마가 연속 3년간 심사 과정을 순조롭게 통과하도록 관리한 제편인에게 부여된다. 그렇기에 드라마 제작 허가를 갑종으로 제한하는 것은 높은 수준의 사상적·이데올로기적 검열 기준을 부여한 것이라고 할 수 있다.

29   중국 사회주의 국가 이데올로기를 선전하는 이른바 '주선율 드라마', 즉 중대 혁명 역사 드라마와 홍콩, 대만 드라마를 포함한 해외 드라마에 여전히 특별 심사 부서와 규정을 따로 두어 드라마 수량과 내용 및 방영 절차 등을 엄격하게 관리하고 있다.

2010년 "드라마 심사 관리 규정"이 폐지되고, 드라마 사전 공시 제도가 몇 번의 조정을 거쳐 "드라마 내용 관리 규정"으로 거듭났다. 여기서는 기존의 사전 공시 제도를 유지하고, 갑종 허가증에만 제한되었던 드라마 제작 신청 자격을 을종乙種 허가증 소지자까지 확대했다. 이는 다양한 소재와 내용의 드라마를 제작할 수 있도록 유도함과 동시에, 드라마 제목 및 내용 심사 결과를 관방 사이트에 공개함으로써 드라마 제작자들이 소재와 내용 선정에 관해 경쟁하고 견제하도록 한 것이다. 이는 시장성의 효율을 극대화한 조치라고 이해할 수 있지만, 다른 한편으로 드라마 생산 절차와 과정이 규범화되고 내용 역시 유형화되어 드라마가 통제 가능한 제도권 내의 미디어 콘텐츠가 된 것으로도 풀이할 수 있다. 중국 드라마의 유형은 중대 혁명 역사극을 제외한 4가지로 크게 나눠 6~7가지 소재별로 세분화했고,[30] 중심 내용과 회당 줄거리 구성을 제출해 제작 전 내용 검열이 용이해졌다. 그간의 규

---

30 광전총국은 드라마 제재 분류 기준을 통일하고, 제재별 드라마 생산량 비율을 수치화하기 위해 다음의 유형 분류를 제시한다. 참고로, 대략적인 시대 구분은 고대, 근대, 현대, 당대로 나눌 수 있다. 고대는 근대 이전 시기로 왕조 시기를 포함하며, 근대는 청말부터 신해혁명 이전까지, 현대는 신해혁명부터 중화인민공화국 수립까지, 당대는 중화인민공화국 수립 이후부터 현재까지다. 1. 당대 사회에 관한 제재(군사, 도시, 농촌, 청소년, 범죄수사, 공상과학, 기타) 2. 현대 사회에 관한 제재(군사, 도시, 농촌, 청소년, 범죄수사, 인물전기, 기타) 3. 근대 사회에 관한 제재(혁명, 도시, 청소년, 인물전기, 기타), 4. 고대 관련 제재(전설과 이야기, 궁정, 인물전기, 무협액션, 청소년, 기타), 5. 중대제재(혁명, 역사). 국가 광전총국,「드라마제재 분류표준電視劇題材的分類標準」참고. www.chinasarft.gov.cn

범화와 제도화 과정을 거치면서 드라마 제편인이 정부의 심사와 요구 기준에 맞춰 자율적으로 관리 감독하고 자아 검열할 수 있게 됐기 때문이다. 중국 드라마는 오락성이 강한 대중 문예 형식이며, 생산 목적이 이윤 추구에 맞춰져 있는 만큼 규범화와 제도화의 과정을 거치며 상품성이 강화됐다고 봐야 할 것이다. 그리고 그 과정에서 사상적·이데올로기적 자아 검열이 가능해졌고, 중국 정부 입장에서는 국가 '사상 안전'에 위협이 되지 않도록 제도를 통한 자가 관리가 가능한 미디어 콘텐츠가 되었다.

드라마 영역의 제편인 출현 이래 1990년대 이르러 제편인 제도가 효과적으로 운영됨에 따라 2000년대 후반 드라마 상품의 경제적 효과를 높이고 제도 운용의 효용성을 더욱 고려하게 되면서 점차 제도의 간략화, 의례화 경향이 나타났다. 완성작이 심의 기준에 부합하지 않거나 이데올로기적으로 문제나 결함이 발견될 경우 방영 불가나 보류 판정을 받는데, 이 경우 드라마 제작비와 투자금을 회수하지 못하고 전량 폐기하는 일도 비일비재했다. 이러한 비효율적인 상황을 막기 위해 점차 기획자의 자격 요건을 높이거나 기획 단계부터 심의, 검열하는 방향으로 바뀌었고, 이후 드라마 공시 제도를 도입함으로써 사전 심사와 시장 경쟁 구도에 따른 제작자 간의 상호 견제가 가능하도록 했다. 이러한 조치로 심의와 검열 과정이 형식화, 간략화, 편리화됐으며, 관방과 제작자 간의 불편과 마찰을 줄일 수 있었다. 관방이라는 관리자가 업무 내용을 수행하기 전에 제편인과 제작자들이 이미 어느 선에서 그것을 지키고 수행하는 '바람직한' 행위를 할 수 있도록 유도하고, 관리자는 그에 대한 수락 여부만을 결정하도록 관리 제도가 변화했다.

이렇듯 파놉티콘적 권력은 노골적으로 드러나지 않으면 거의 의식하지 못할뿐더러 대다수 참여자가 이에 순응한다. 심의와 검열이라는 '감시' 체제는 더 이상 통제, 규율, 명령, 복종의 방식을 따르지 않게 했으며, 오히려 일정한 수위와 틀을 준수하면 창의성, 대담성, 실험성, 오락성 등을 실험할 수 있도록 했다.[31] 드라마 공시제는 허가받은 드라마의 내용과 조건을 열람할 수 있게 함으로써 관방의 기준을 제작자 스스로 판단하도록 했다. 제작자들은 드라마라는 과제를 수행할 때 이 제도적 과정이 감시가 아닌 제작 생산을 위한 자신의 의무로 생각하게 됐으며, 간소화된 절차와 과정에 빠르게 적응했다. 관방의 심의와 절차에 대한 제작자의 저항이 줄어든 반면, 제작자들이 내면에 감시적 권력을 내재화한 것이다.

텔레비전 드라마 산업의 경우, 효율 관리에서 순응 체제로의 관리 권력 변화의 흐름을 뚜렷이 파악할 수 있다. 미디어의 생성

---

31 지그문트 바우만, 한길석 역, 「자기 스스로 감시하는 소비자들」, 『친애하는 빅브라더』, 오월의 봄, 2014, 89쪽.

적 변화 발생–제도화와 관리 감독의 강화–제도의 간소화와 규제의 내재화라는 방향으로 생성과 수렴의 양상을 보인다. 이는 큰 틀에서 보면, 억압과 강제를 통한 규율형에서 간접 관리를 통한 환경 관리형으로의 전환이 이뤄진 것이며, 관리 대상이 스스로 관리하도록 하는 파놉티콘의 내재화 방식으로 전환한 것이다.

4) 드라마 시상 제도

① 드라마 평가와 수상 제도의 형성

드라마의 번영과 발전이 시작되는 1980년대 초기 방송국 간에 프로그램 상호 교환과 공유가 일어나면서 시청률이 높은 드라마에 대한 선별과 선호가 생겨났다. 이에 촬영 기술과 효과, 내용의 질적 수준에 상당한 진전이 일어났다. 1980년대 후기 중국의 "라디오·텔레비전 학회"와 각 성(省)에서 열린 관련 협의회는 프로그램에 관한 전문적인 평가를 진행했다. 이후 이런 평가 활동을 바탕으로 프로그램 수상 제도가 마련되면서 드라마가 '규격화', '규모화'됐다. 기지와 센터를 중심으로 드라마가 제작·생산됐고, 촬영 기법과 장비가 전문화됐다. 중앙텔레비전방송국과 상하이, 산둥, 후베이, 쓰촨 등지의 방송국이 자체 촬영 기지를 설립하고, 전문적으로 배양된 인력들을 배치했다. 또한 기업과 자본의 투자를 적극적으로 유치해 1994년 이후부터는 대규모 장편 드라마와 통속 드라마가 출현했다. 또한 문화산업의 시장화가 가속화하면서 출판, 영화, 관련 캐릭터 상품 시장 등이 연계되어 경제적 효과를 극대화했다. 또한 시청률과 드라마 경제 수익이 직접적으로 연관되고 수상과 평가에 대한 영향력을 인식하면서 투자자들이 제작과 경영, 발행 과정에 직접 참여하기 시작했다. 이처럼 드라마의 생산 방식과 예술적 표현 형식에 새로운 발전적 계기가 마련되면서 중요한 변화가 일어났다.

중국 정부는 1999년과 2005년에 걸쳐 드라마 수상 제도를 정비하면서 "전국 예술 신문 출판 수상 제도 개혁에 관한 총체적 방안"을 마련하고, 90개 수상 항목을 24개로 정리했다. 주요 수상 항목은 '페이톈장飛天獎', '진잉장金鷹獎', '쥔마장駿馬獎', '진젠장金劍獎', '우진장烏金獎', '우거이궁청장五個一工程獎' 등이다. 그중 페이톈장은 1981년부터 현재까지 존재하는 '중국 영상 대상'의 세 가지 수상 항목 중 하나다. 페이톈장과 진잉장은 중국 드라마 수상 제도가 생겨난 이래 가장 큰 양대 텔레비전 드라마 상이다.

진잉장은 시청자와 대중의 평가로 수여되는 상으로, 드라마 인기 척도인 시청률을 지표로 삼기 때문에 그 기준은 통속성과 오락성이다. 그 밖에도 인간 세상의 선의를 표방하고 권선징악 윤리와 교육적 가치를 내세운 것도 선발 기준에 포함된다. 그래서 대부분 수여 대상 드라마가 가정윤리극, 통속극, 우상극 등의 상업적 드라마다. 이 기준은 다른 국가의 수상 기준과 비슷할 것이다.

반면 페이톈장은 관방이 부여하는 예술상 중에서도 가장 영향력 있는 상으로, 중국 라디오·영화·드라마부가 주관하고 전국 단위 제작소가 출품한 드라마를 평가 대상으로 삼는다. 드라마 제작자와 예술가, 평론가 등이 평가위원회로 구성되고, 권위와 공정을 표방하며 전문성을 평가하는 것으로 알려졌다. 페이톈장은 드라마의 사상성, 규격화, 유형화에 상당한 영향을 미쳤다. 또한 제작 환경이 시장화되면서 시장의 산업 표준에 맞도록 드라마를 규격화했고, 주제에서 이데올로기와 사상 안전의 표준을 제시하도록 일정한 경향성을 창출했다. 이러한 경향성과 지향점은 '주선율 드라마'라는 새로운 유형적 표준을 만들었고, 시청률 평가 기준과 더불어 정부의 요구와 시장의 수요에 적절히 반응하도록 유도한다. 주선율 드라마는 중국 사회의 특수성과 '사회주의 특색'을 띤 중요한 대중 문예의 창작 형식이다. 또 당의 이데올로기를 선전함과 동시에 사회 변화에 따라 혁명의 정당성을 서술하는 방식에도 변화가 있음을 보여 주는 중국 드라마의 중요한 장르다.

1980년대 말부터 텔레비전 주관 부문은 '주선율'이 오락성과 적절히 공존할 것을 추구했다. 1987년 중국공산당 13대 보고의 예술 문화 상품에 관한 언급에서 "많은 국가가 자본주의적 조건 하에 공업화, 생산화, 현대화를 추진했지만, 중국은 계획상품경제라는 기초 아래 드라마를 기획, 검열(심사), 제작, 발행하며, 이 과정에서 '주선율'과 '다양성'의 원칙을 동시에 추구해야 한다"라고 밝혔기 때문이다. 1989년 제재기획회의도 "주선율을 강조하며, 다양화를 견지한다"는 지침을 발표했다. 이는 당시 정부가 개혁개방의 당면 과제 및 천안문 사건의 이데올로기적 기준과 정체성에 대한 견지를 드러낸 것이다. 그 예로 1989년 제10회 페이텐상에서 1등이 선정되지 않는 전례 없는 사건이 일어났는데, 이는 천안문 사건의 영향으로 강력한 이데올로기적 표준이 선정 기준이었기 때문이다. 이는 향후 드라마 수상과 제도 발전에 큰 영향을 미쳤으며, 1990년대 우수 드라마 선정의 중요한 지표가 되어 〈평범한 사람들의 이야기凡人小事〉, 〈여자친구女友〉, 〈어느 청년의 이야기有一個靑年〉 등이 최고상을 받는 계기가 되었다. 청년의 노력과 성공에 대한 〈어느 청년의 이야기〉는 소설을 드라마화한 것으로, 드라마를 문학과 예술의 수준으로 끌어올리는 동시에 새로운 시대, 새로운 생활, 새로운 인물상을 제시했다는 평가를 받았다.

1990년대 드라마의 주요 유형은 크게 주선율 드라마와 오락·상업 드라마로 나뉜다. 이는 앞서 말한 주선율의 선양과 시장성을 고려한 다양성 제고 노력의 결과라고 할 수 있다. 이러한 경향은 제도적 변화에서도 감지됐다. 1992년부터 "드라마 생산 협조 소조"가 드라마 생산을 '제작 허가증 관리, 자본과 제작 관리, 심사와 배급 관리, 수상 관리'로 처음부터 끝까지 연결해 관리하는 방식을 채택했다. 이는 드라마의 시장성과 상품성이 중요해짐과 동시에 기획과 내용 검열 및 제작과 배급에 이르는 모든 단계를 제도적 정비와 관리를 통해 체계적으로 통제하려는 의도이며, 그 중 가장 중요한 것이 바로 '이데올로기적 안전'이었다. 1990년대 이후 정부는 드라마 생산에서의 해외 대중문화 개방과 시장화를 고려하면서도 사상과 이데올로기적 기능을 강화하고자 했다.

1990년대 주선율 드라마는 국가급, 성급, 자치구급, 직할시급의 중점 드라마 극목劇目을 편성하는 한편, 중앙텔레비전방송국의 황금시간대에 '우수 드라마'만 선별해 방영하도록 했다. 1980년대 말부터 1990년대 초까지 경제 구조 전환은 혁명이상주의 퇴조 및 시장 이데올로기 확산과 밀접한 관련이 있다. 1990년대 사회주의 시장경제 개혁이라는 역사적 전환점에서 텔레비전 드라마는 중국 특색의 문화 상품으로서의 상품과 규격을 마련하기 시작했으며, 특히 드라마 수상 제도는 이를 목표로 마련된 제도적 장치다. 드라마 수상 제도는 '규격화'와 '과학화'를 표준으로 하는 두 가지 특징이 있다. 하나는 정부가 여론과 이데올로기를 사회주의 시기처럼 직접 장악하고 통제하지는 않지만, 드라마 생산 시스템과 시장을 주도하는 방식으로 영향을 미치는 것이다. 다른 하나는 정부 주도의 드라마 생산 시스템으로 제편인 제도가 생겨났으며, 이것이 매우 중요한 역할을 하게 됐다는 것이다.

② **수상 드라마 선정 기준의 시장화**

제편인 제도 출현 이후 실제로 텔레비전 드라마의 시장화, 상업화, 상품화가 촉진됐다. 게다가 드라마 수상 제도의 내용 변화를 이끌었는데, 이는 주로 드라마의 세속화와 탈정치적 경향을 반영한다. 1990년 이후 전체 사회의 발전 방향은 시장화와 현대화를 위한 경제 발전에 집중되어 있었다. 발전을 위한 경제 중시는 당의 이데올로기를 약화했으나 당의 합법성은 여전히 일정한 사회주의 담론 내에서 표명되어야 했다. 이러한 상황에서 주선율 드라마의 서술 방식과 서사, 내용, 제재, 역사관 등은 기존의 관방 담론과 애매한 관계인 포스트사회주의 담론의 새로운 도전을 받았다. 특히 사회주의혁명과 건국사가 대표 제재인 주선율 드라마의 평가와 수상 기준 역시 이에 맞춰 변화해야 했다. 즉 전통적 서사 방식과 틀에서 벗어나 '생활, 인민, 시청자'에 더 접근해야 했다. 따라서 드라마 수상 제도는 지속적으로 드라마의 새로운 표준과 형식을 규정하고, 상품으로서의 시장성도 강화하면서 혁명 담론의 세속화와 '탈정치적' 특성을 반영할 수밖에 없었다.

1990년대는 혁명 전투 장면과 영웅 일대기를 그린 판에 박힌 주선율 드라마가 끊임없이 제작, 방영됐다. 그러나 생활이 다양화·상품화된 시대에 이런 드라마들은 시청자의 외면을 받았다. 상업 드라마 역시 오락성이 강화되는 양상을 보였으나 미풍양속을 해친다거나 사회주의 가치관에 위배된다는 여러 이유를 들어 방영 금지 조처가 내려지기 일쑤였다. 주류 이데올로기를 다룬 드라마를 제외하고 방영 금지 처분은 매우 흔한 일이었다. 2000년대 이래 드라마 시장이 개방되면서 외국 드라마가 황금시간대에 방영되기도 했다. 특히 한국 드라마가 인기를 끌면서 수많은 팬덤을 이끌었다. 중국 국내 드라마와 주류 이데올로기의 선전 드라마가 상대적으로 외면받자 사상 안전에 대한 우려로 이에 대한 조처가 내려졌다. 원래 황금시간대에 외국 드라마와 프로그램이 중국 국내 프로그램의 25%를 초과할 수 없다는 기준이 있었는데, 2000년에는 이를 15%까지 낮춘 것이다. 이를 위반할 시 방영 허가증을 몰수한다는 엄격한 조치도 더해졌다. 이는 황금시간대에 한정한 조치였으나, 2004년에는 외국 드라마와 프로그램이 1일 방영량의 25%를 초과할 수 없도록 엄금했다. 또한 외국 드라마에 삽입하는 광고 시간을 전체 프로그램 분량의 15%, 즉 9분을 초과하지 못하도록 제한했다. 또한 황금시간대 방영되는 드라마의 일정 편수 이상은 반드시 '우수 드라마'를 방영해야 한다. 여기서 말하는 우수 드라마는 관방 담론과 일치하는 것으로, 이른바 대중의 정신문화 추구를 만족시키는 드라마를 말한다. 시장 이데올로기 확산과 이윤 창출을 위한 상품으로서의 드라마가 제작되던 상황에서 정부의 황금시간대에 대한 이데올로기적 간섭이 날로 강화한 것이다.

페이텐장에 선발된 드라마는 강한 이데올로기성을 띠고 있었으나, 대중성을 상실한 드라마였다. 대중성은 곧 시정률을 의미하며, 대중성을 상실했다는 것은 이데올로기 선전을 위한 주선율 드라마의 참패를 의미했다. 1990년대 후반 페이텐장과 주선율 드라마는 권위성과 대표성을 상실하고 말았다. 이에 페이텐장은 평가와 선발 기준을 조정하기로 하고 개혁을 단행했다. 1999년 제19회 페이텐장에는 중앙텔레비전방송국에 출품된 드라마 외 민간 투자로 제작된 드라마도 참여할 수 있게 됐으며, 중앙텔레비전방송국 역시 관방 중심의 독자적 지위에서 내려올 수밖에 없었다.

2003년부터는 관방 산하의 드라마 제작 단위와 회사 외에 민간 자본으로 설립된 드라마 제작사도 광전총국의 '드라마 제작 갑종 허가증'을 신청해 받을 수 있게 됐다. 이는 그만큼 드라마 제작 영역이 민영화되고 광고 수입이 주요 수입원이 되면서 상업성과 오락성이 드라마 시청률과 직결됐음을 반영한 것이다.

2003년과 2004년에 광전총국은 중대 혁명 역사 드라마와 '홍색경전紅色經典'[32] 개작 드라마에 관한 통지를 전달했다. 여기에는 사회주의식 정신문명에 관한 견지와 시청률과 오락성에 대한 고려가 포함되어 있다. 중대 혁명 역사 드라마에서 엄격히 금지되던 애정 서사와 낭만적 분위기를 관대하게 허용하고, 영웅과 반

---

32 문화대혁명이 종결된 후 개혁개방과 체제 변화 속에서 사회주의 시기에 대한 회고 정서가 대중들 사이에서 소비되면서 생겨난 말이다. 주로 문혁에 대한 기억을 되새기기 위해 문혁 시기의 모범극을 '홍색경전'이라 불렀지만, 이후 마오쩌둥 사상과 관련된 모든 사회주의 시기의 문예, 정치구호, 활동 등을 포함해 노동자, 농민, 군인의 생활을 담은 작품을 총칭한다. (바이두 검색: 2020.3.2)

대 인물에 대한 판에 박힌 틀도 다양화·개성화했다. 2009년 페이텐장 위원은 '페이텐장의 주요 수여 기준은 시청률이며, 대중성이 첫 번째 선발 기준'임을 밝혔다. 이후 〈강철은 어떻게 단련되는가鋼鐵是怎樣煉成的〉(페이텐장 20회 장편드라마 특별상), 〈격정의 세월激情燃燒的歲月〉(페이텐장 22회 장편드라마 우수상), 〈빛나는 검亮劍〉(페이텐장 26회 장편드라마 우수상), 〈사병돌격士兵突擊〉(페이텐장 27회 장편드라마 우수상) 등의 군사 제재극이 주선율 주제와 결합하면서 인기를 끌었다. 주인공은 영웅이 아닌 평범한 사람으로, 인간미와 개성이 넘치는 주변 인물을 선택함으로써 가정사와 혁명 대업 사이에서 겪는 다양한 갈등과 사건을 다루며 역사적 기억을 재구성해 시청의 재미를 안겨 줬다. 이후 주선율 드라마는 첩보극, 시대극, 군사극, 성장극 등 여러 서사와 결합하며 장르 변화를 시도했고, 이에 따라 다양한 재미를 선사하며 '중국 특색 드라마'라는 독특한 스타일을 만들었다.

여기서 특별히 페이텐장의 수상 기준 변화를 소개한 이유는 다른 텔레비전 드라마상이 대부분 시청률과 시청자의 영향력을 기준으로 한 반면, 페이텐장은 관방의 이데올로기적 영향력을 보여 주는 대표적인 상이기 때문이다. 페이텐장의 선발 기준 변화는 시대적 변화를 보여 줌과 동시에 관방 이데올로기가 어떻게 자본과 시장의 이데올로기와 결탁하는지 나타내는 단적인 예라고 할 수 있다.

4. 중국 특색의 드라마 장르 주선율 드라마

1) 주선율 드라마란 무엇인가

1980년대부터 사상 안전의 단계별 심사와 자격 검증에 따른 허가증 제도를 통해 드라마 제작 시스템이 모습을 갖추면서, 이른바 "주선율을 강조하고, 다양화를 견지한다"는 기치로 국가 이데올로기 선전 드라마와 상업 드라마가 구분 관리되기 시작했다. '주선율'은 본래 하나의 곡조에서 주된 음색과 음률을 가진 멜로디라는 의미의 음악 용어다. 이 용어가 1987년 3월에 열린 "전국스토리영상제작소장회의全國故事片廠廠長會"에서 "모든 스토리를 포함하는 영상(드라마와 영화)은 사회주의와 공산주의의 사상 내용을 반영하여 시대의 '주선율'로 작용해야 한다"고 언급되면서, 주류 이데올로기 혹은 관방 이데올로기를 의미하게 됐다.[33]

　이런 의미에서 주선율 드라마는 "중국 내 모든 민족 단결과 사회 발전, 전 인민의 행복에 기여하고, 애국주의 및 집체주의 정신 발양을 주요 목적으로 창작한 '중대제재重大題材' 드라마"[34]를 일컫는다. 중대제재 드라마는 '중대 혁명 역사' 드라마를 일컫는 말로, "세계에 중국을 알리고 중화민족의 형상과 민족정신 및 그 문화를 드러내는 중요한 창구 역할을 하는 드라마"[35]로서 주선율 드라마의 주요 유형이라 할 수 있다. 주로 공산당 창당부터 항일 및 국공 내전, 대장정에서 중화인민공화국 건국에 이르기까지 격동의 현대사와 관련한 주요 사건 및 인물을 다룬다.

　그러나 21세기에 들어 주선율 드라마의 정의는 "사회주의 이상을 고취함과 동시에 개인의 역량을 발휘할 수 있도록 하여 개인의 발전이 사회의 발전에 기여할 수 있도록 한다"[36]는 내용으로 변화, 확장했다. 이는 개인의 이익을 국가의 이익과 발전에 합치하고, 개인의 모든 역량을 발휘하도록 강화 · 고취하는 중국 관방 이데올로기 담론의 반영이라 할 수 있다. 이는 주선율의 개념이 점차 동시대 주류 가치관의 의미로 폭넓게 확대된 것이라고 볼

33　杜芳, 『主旋律影視劇表達主流意識形態硏究』, 大連理工大學博士學位論文, 2015, 19쪽.
　　汪洋, 『新世紀主旋律電視劇的嬗變與類型』, 上海戱劇學院碩士學位論文, 2011, 8쪽.

34　杜芳, 위의 자료, 20쪽.

35　孫家正, 「關於重大革命歷史題材影視創作的幾個問題」, 『中國電視』 09期, 1997, 3쪽.

36　杜芳, 위의 자료, 20쪽.

수 있다.

주선율 드라마가 관방의 입장을 투영해 현대사에 대한 기억과 서술에 깊이 관여하는 만큼, 중선부中宣部는 중앙서기처의 비준을 얻어 1987년 "중대혁명역사제재영상 창작소조重大革命歷史題材影視創作小組(이하 창작소조)"를 설립했다. 창작소조는 주로 중앙문헌연구실中央文獻研究室, 해방군군사과학원解放軍軍事科學院, 총정문화부總政文化部, 중앙텔레비전방송국, 영화국電影局 등 정치 · 군사 · 문화 분야 등의 임원들로 구성되어 있다. 이는 혁명과 건국에 관한 현대사 제재의 드라마를 특별 관리하는 곳으로, 관련 제작자들의 역사의식과 사상 지도 및 관리, 기획과 제작에 관한 거시적 관리, 심사에 관한 관리 등을 포함한다.[37] 창작소조는 주선율 영화와 드라마를 포함한 영상물을 모두 관리하다가 텔레비전 드라마의 생산량과 영향력이 증가함에 따라 그 아래 "드라마소조電視劇分組"를 따로 두어 주선율 드라마를 관리했다.[38] 이러한 관행은 지금까지도 이어지며, 주선율 드라마에 대한 특별 관리부서와 규정이 별도로 존재한다. 이로써 주선율의 개념이 생활 윤리를 포함한 가치관 확대

37　謝貝玲 · 史東明, 「重大革命歷史題材影視創作的思考」, 『電影通訊』 12期, 1989, 6쪽.

38　중대 혁명 역사 드라마는 "중대역사제재 촬영제작과 심사에 관한 규정關於重大歷史題材拍攝和審查問題規定"에 의거하여 드라마영도소조의 내용 심사를 통과해야 촬영할 수 있으며, 이후 심의를 통과해야만 발행할 수 있다. 또한 촬영감독뿐 아니라 극본 작가, 주연 배우의 자질 심사도 거쳐야 한다.

로 폭넓게 변화하고 있음에도 주선율 드라마는 여전히 관방 정책 및 주류 이데올로기와 밀접한 관련이 있음을 알 수 있다.

2) 주선율 서사와 이데올로기적 보편성 생산

주선율 드라마의 서사는 다양한 방식으로 시청자와 소통함으로써 주류 이데올로기, 즉 이데올로기적 보편성을 생산한다. 그 역할은 체제와 사회 유지에 기여하며, 이를 위해 당대 주요 사건과 분위기, 생활방식과 사고방식을 반영해 구성원 간의 정서와 유대감을 만들고, 여론 방향을 형성하는 것이다.

1980년대 중반부터 생겨난 '주선율'의 본래 주지는 중국 사회주의의 역사적 서술과 혁명이상주의의 지속적 선전, 이데올로기 공고화에 있다. 그러나 주선율 드라마의 정형화된 유형과 형식은 대중문화 시장의 다양화와 시장화 추세에 맞는 대중의 오락적 수요를 만족시킬 수 없었다. 1990년대 이래 주선율 드라마는 관방에서 우수 드라마에 수여하는 페이톈장 등의 수상 제도로 유지되는 권위에 의존하며, 저조한 시청률에도 명맥을 유지해 왔다. 그러나 이데올로기 선전 효과와 시청률의 상관관계를 고려해 더 대중적이고 다양한 주제와 내용을 고려하지 않을 수 없게 되었다.

최근 주선율 드라마의 변화 양상을 구체적으로 살펴보면, 영웅 중심의 서사와 역사적 사실 기록으로서의 전형을 날펴해 평범한 인물들의 다양한 이야기로 민족의 역사적 기억을 재구성하며 국가와 개인의 관계를 새롭게 창출하고 있다. 드라마 〈격정의 세월激情燃燒的歲月〉(2001), 〈관동으로 뛰어들다闖關東〉(2006), 〈우리 부대장과 우리 부대我的團長我的團〉(2009) 등이 대표적인 예다. 영상 미디어와 이미지로 전달되는 당과 민족의 근현대사 기억은 상상을 통해 부여된 '주체화' 과정을 공유하게 하며, 여기서 형성된 일체감과 공동체 정서는 '상상된 네이션'[39]을 형성한다. 상상된 네이션을 창출하는 주선율 드라마의 서사 전략 중 하나가 바로 '고통의 서사'다. 혁명 과정과 내전의 고통을 주로 그리는 '고통의 서사'는 역사적 기억과 정서적 치유의 경험을 공유함으로써 하나의 민족으로 거듭나는 주체화 과정을 겪는다. 다른 한편으로 이러한 서사는 시대가 선택한 타고난 영웅 이야기보다 복잡한 역사의 소용돌이 혹은 우연한 기회로 시대적 부름에 응한 평범한 개인이 불완전함을 극복해가는 과정으로 전개되는데, 이는 개인의 고통 극복 과정이 국가의 영광과 연결될 수 있다는 믿음으로 나아가게 한다. 고통의 서사를 통한 민족적 정체성 형성은 통합 및 질서 수호와 더불어 개인이 곧 민족이며, 민족이 곧 중국이라는 관념을 형성해 당대 중국 정치의 담론과 맥을 같이한다.

드라마 〈빛나는 검〉(2005), 〈현애懸崖〉(2012), 〈위장자僞裝者〉(2015)

---

39   가라타니 고진, 조영일 역, 『세계공화국으로』, 도서출판b, 2007, 171~172쪽.

등은 경찰극과 수사극의 장르적 특성과 결합한 '첩보극諜戰劇'으로,
국공 내전 시기의 치밀한 정보전을 펼치는 주선율 드라마의 새로
운 장르다. 이는 과도한 전쟁 장면으로 심미적 피로감을 느낀 시
청자들이 외면하자, 폭력 장면을 줄이고 재미를 더함으로써 선전
효과와 상업적 가치를 높인 사례다. 주선율 드라마는 본래 혁명
과 전쟁의 건국 과정을 그리는 경우가 많다. 이처럼 역사적 비상
시국을 배경으로 전개되는 경우 이러한 '예외 상태'의 현전은 개
인의 모든 일상과 가정 위에 국가와 당이 우선할 수 있음을 주인
공이 희생하고 헌신하는 비장미와 숭고미로 '자연스럽게' 보여 준
다. 여기서 '예외 상태'란 내전, 봉기, 레지스탕스 등 정상적 상
태를 벗어난 국가의 심각한 위기 상황을 말한다. 이때 국가와 군
사적 전시 권한은 개인을 비롯한 공동체 영역에 확장되고, 때로
는 이를 압도하며, 개인의 자유를 보호하는 헌법적 규범의 효력
이 정지되는 상태다.[40] 이러한 '예외 상태'하에서 국가는 법적 효
력 범위 내외부의 경계에 위치하며, 법적 토대를 벗어나 존재하
는 헌법적 존재라는 모순적 입장을 갖게 된다. 드라마는 어떠한
계엄 상황에도 발생할 수 있는 국가와 당의 군사적 개입에 정당
성을 부여하며, 이에 따른 개인과 공동체의 순응과 자발적 협조
가 윤리적일 수 있음을 강조한다. 이는 예외 상황이 현실 세계에

---

40   조르조 아감벤, 김항 역, 『예외상태』, 새물결, 2009, 21쪽 5~10번째 줄 요약.

서 통치의 한 방식으로 상례화될 수 있음"[41]의 가능성을 인지시킬 수 있다. 이는 국가 통치력이 절대적 지배권을 행사해 사회 질서를 유지하도록 하는 체제 순응적 이데올로기를 생산한다. 여기서 가장 중요한 것은 1921~1949년의 전시 상황(일본의 침략과 내전)이 법적 질서를 효력 정지시키는 '예외 상태'를 만듦으로써 전체적인 통치 국가 역량이 효과적으로 개입할 상황을 만들어 준다는 것이다. 개인사와 일상사라는 미시 서사가 펼쳐지는 가운데 이러한 픽션적·정치적 계엄 상황은 공산당/국가가 절대적 권한을 작용할 가능성, 즉 가정, 일상, 인권 등과 같은 개인의 모든 것 위에 국가가 우선할 수 있다는 상황을 효과적으로 '연출'한다. 영웅 이야기에서 개인 이야기로의 변화는 개인주의 확산과 흥미 유발이라는 상업적 이유를 넘어 좀 더 유연하고 교활한 이데올로기적 통치성을 전략적으로 드러낸다. 이를 통해 개인과 가정, 사랑과 우정이 국가와 민족, 애국주의와 민족주의에 종속된다.

---

41   위의 책, 19쪽.

3) 주선율의 세속화와 장르의 다변화

① 혁명 역사 정극에서 첩보극으로

최근 중국 미디어 지형에서 주목할 만한 사건은 주선율 드라마의 한 유형인 첩보극의 인기다. 본래 주선율 드라마는 관방 이데올로기 선전 드라마로 인식되는데, 이는 1980년대와 1990년대 영상 미디어 영역에서 상업화와 시장화가 진행되자 표준이 되는 드라마를 선정하는 과정에서 생겨난 개념이다. 주선율 드라마는 1921년부터 1949년까지를 중심으로 주로 중화인민공화국의 성립 과정과 당의 역사를 다루며, 상업/오락 드라마와 달리 '중대 혁명 역사 드라마'로 분류해 투자, 제작, 심의, 배급에 이르는 전 과정을 별도로 관리한다.[42] 주로 건국 영웅 이야기, 국공내전과 첩보 활동, 대장정을 비롯한 굵직한 역사적 사건과 이에 따른 민족 영웅의 삶과 혁명 과정을 다룬 이야기가 중심이다.

본래 첩보물은 〈특수대원羊城暗嘯〉(1957), 〈영원불멸의 암호永不消逝的電波〉(1958) 등 탐정 수사극偵探片 형식으로 등장한 바 있다. 이후

---

[42] 중국 드라마는 상술한 바와 같이 체제 내 미디어다. 방영되는 드라마 가운데 상업·오락 드라마부터 고전극과 사극을 비롯한 중대 혁명 역사 드라마까지 관방이 제시하는 이데올로기 기준과 내용 심의를 통과하지 않은 것이 없다. 그러므로 넓은 의미에서 중국 드라마는 모두 주선율 드라마 기준에 부합한다고 할 수 있다. 그러나 이 장에서 언급하는 주선율 드라마는 특별히 중국 현대사 중 항일, 건당, 건국 서사를 통해 공산당의 역사와 이데올로기를 선전하는 드라마를 일컫는다.

주선율 드라마는 관방 이데올로기 선전과 정부 정책 전파라는 명확한 목적으로 제작됐으나 판에 박힌 서사와 구성으로 시청자에게 외면당했다. 그러나 자본력과 오락성을 도입하고 적극적인 변신을 꾀한 결과 2000년대 이후부터는 공전의 히트를 기록하며 유행 드라마의 한 장르로 굳건히 자리매김했다. 혁명 당원의 일대기와 가족사를 그린 〈격정의 세월〉(2000)을 시작으로, 엄격한 교조주의 형식의 주선율 드라마가 파격적인 재미와 시대성을 추구하며 큰 반향을 일으켰으며, 〈침묵의 맹세誓言無聲〉(2002), 〈빛나는 검〉(2005), 〈침투暗算〉(2005), 〈잠복潛伏〉(2008), 〈새벽의 빛黎明之前〉(2010), 〈빌린 총借槍〉(2011), 〈현애〉(2012) 등의 첩보극이 큰 인기를 끌었다. 2004년 광전총국이 수사극涉案劇과 전쟁극內戰劇에 과도하게 폭력적이고 잔인한 장면이 있다는 이유로 황금시간대에 방영하지 않을 것을 권고했는데, 이후 이런 수사와 전쟁에 관련된 제재가 혁명 제재紅色題材와 결합하면서 중국 특색의 서사를 형성했고, 점차 첩보극이라는 독특한 드라마 유형을 만들었기 때문이다.[43] 주선율 드라마는 항일전선, 국공내전, 첩보 전쟁 등 다양한 소재로 국민당과 공산당 요원 간의 사랑과 우정, 가족애와 애국심 사이의 갈등 등 혁명 시기 다양한 인간 군상과 생활을 다룸으로써 대중성과 오락성을 확보했다.

---

43   易小白, 「論涉案劇到諜戰劇的策略轉型」, 『中國廣播電視學刊』, 2010年第5期, 72쪽.

특히 주선율 드라마는 "중화민족의 위대한 부흥과 시대를 반영하며, 이를 선도하는 이데올로기를 창조할 것과 국가와 민족을 중심으로 하는 우수한 작품을 창조할 것"을 골자로 하는 시진핑 문예공작좌담회(2014년 10월 15일)의 요지에 따라 기타 장르 드라마의 모범과 표준으로 여전히 굳게 자리매김하고 있으며, 실제로도 다른 상업 드라마의 서사와 이야기 구성에 많은 영향을 미치고 있다.[44]

② 역사 기억의 '다시 쓰기'와 생활 윤리로서의 주선율

2000년대 주선율 드라마의 특징은 수많은 익명의 역량, 즉 개인의 행위들로 구성된 이야기다. 이는 당 방침 선전이라는 권력의 허구와 영웅 이야기라는 문헌학적 해석으로 규범화된 그간의 주선율 드라마와 대립한다. 2000년대 이전의 드라마는 규범화되는 과정에서 주로 권력의 동어 반복을 주장하며, 영웅 신화를 재생산하고 기록 자료에 부합해 만들어진 영웅과 영웅 서사를 끊임없이 제창해 왔다. 그러나 이후의 주선율은 당과 교조적 원리에

---

44   광전총국은 영도자의 중요 강화講話에 따라 세부 정책과 제도를 정비했다. 2016년 우수 드라마 창작을 장려하기 위한 규정은 시진핑의 전국선전사상공작회의(2013.8.19~20), 문예공작좌담회, 신문여론공작좌담회의(2016.2.19)를 정책 수립의 주요 지침으로 명시한다.
      國家新聞出版廣電總局, http://www.sarft.gov.cn/art/2016/5/11/art_38_30773.html(검색일: 2016. 6. 27)

근거한 것이 아닌 현실적인 문제를 '비원칙적'으로 풀어가는 개인들의 이야기로 역사 사건 중 개인들이 만드는 온갖 미시적 경험과 체험이 익명의 진정성을 엮어 낸다. 실제 역사 사건에 참여한 익명의 무수한 개인의 목격담, 경험, 체험은 증인들은 알지만 역사는 알지 못하는 영상 기억으로 전환되어 현재에, 그리고 중국인의 일상에 던져진다. 주선율의 세속화 시도는 1990년대 후반부터 일어났지만, 성공은 2000년대 이후부터다. 2000년대 이후 중국 주선율 드라마의 이러한 변화는 주선율의 '세속화'와 관련이 있다.

2000년에 제작된 〈격정의 세월〉은 혁명 간부의 활약을 보여주며, 시대 변화에 따른 혁명 이데올로기 변화를 자녀 세대와 겪는 갈등으로 드러낸다. 이는 혁명 세대의 기억을 다시 한번 상기하고, 혁명 시대를 살아 낸 주인공들이 현재 세대의 평범한 부모로서 겪는 가정사와 갈등을 '세대 차이' 문제로 접근한다. 자녀는 부모 세대의 경험과 역사를 알게 되고, 부모는 자녀 세대의 현안과 고민을 이해할 수 있는 드라마로, 전쟁과 혁명을 경험하지 못한 세대에게는 역사적 기억을 형성시키고, 가정사의 원만한 해결이라는 생활 윤리로써 드라마의 기능적 가치를 수행한다. 동시에 애국적 정서를 바탕으로 해 주선율의 본의와 부합하며 높은 시청률을 기록했다. 그 밖에 기록적인 드라마로 주목할 대상은 2005년 항일전쟁 60주년 드라마 〈빛나는 검〉이다. 이는 주선율 드라마로 중앙텔레비전방송국 1채널에서 높은 시청률을 기록했다. 항일전쟁, 신중국 창립, 한국전쟁 참전, 반우파 투쟁과 문화대혁명에 이르기까지 개인의 파란만장한 경험과 가정사, 그리고 역사의 흐름과 시대적 이데올로기가 빚은 비극을 고스란히 보여 준다. 개인의 경험을 통해 신중국의 역사와 현대사를 되짚을 수 있으며, 비극적 색채가 감동과 비장미를 더한 작품이다. 눈여겨볼 만한 점은 주인공이 성공한 혁명의 영웅이 아닌 평범한 인민이고, 성공적 후일담이 아닌 개인의 비극을 역사적 사건에 중첩시켜 시청자의 공감을 얻은 것이다. 주선율의 세속화는 주변적, 개인적, 미시적 역사를 거시적 역사 흐름과 대비하며, 그간 조명받지 못한 개인과 민간의 역량을 역사의 주인공으로 재소환했다.

또 다른 주선율 드라마 〈영원불멸의 번호永不磨滅的番號〉(2011), 〈설표雪豹〉(2010), 〈우리 부대장과 우리 부대〉(2009)는 무수한 풀뿌리 영웅들의 공헌과 헌신의 의미를 새롭게 발견하면서 이들을 진정한 '열사'의 반열에 올려놓았다. 〈우리 부대장과 우리 부대〉에서 주인공들은 중국 각지에서 온 다양한 보통 사람들이며, 이름도 없는 풀뿌리 인생답게 서로 별명으로 통한다. 이들은 다양한 고비와 험난한 여정을 겪으며 개인적 욕망과 생에 대한 집착으로부터 조국에 대한 헌신과 열정으로 무장한 중국 군인으로 거듭난다. 〈영원불멸의 번호〉는 조국의 의미를 '당신', 즉 사랑하는 사람과 자신의 가정으로 개인화함으로써 조국과 혁명이라는 거대 영웅 서사를 개인의 체험과 일상으로 밀착한다. 이처럼 거대 서사가 개인의 경험과 일상으로 전환되면서 전장의 이름 없이 산화된 자들이 비로소 '중국의 남성'과 '중국의 군인'으로서 이름을 얻는다. 또한 보통 사람들로 구성된 '오합지졸' 부대가 정예 부대로 거듭나는 과정에 알려지지 않은 수많은 민간 영웅이 투입됐는데, 이는 중국 혁명이 전통과 민간에 바탕을 두고 있음을 분명히 드러낸다. 주인공 리츠수이가 병사들의 머리를 빗겨 주며 하는 축원과 룽원장의 신세타령 속 중국 산하, 토속 음식의 이름은 영화 속 영웅을 향한 엄숙한 거수경례도 아니요, 웅장하고 광활한 서정의 조국 산하도 아니다. 그것은 마오젠毛尖이 언급한 '중국성'과 '중국의 육신肉身' 자체이며, 혁명의 기저에 깔린 인민의 풀뿌리성 그 자체다. 마오젠은 이야말로 이데올로기의 틀을 뛰어넘어 중국인과 중국 전통, 그리고 중국 혁명을 재집결할 수 있는 가능성이라며, 진정한 '혁명 역사 정극'의 본질을 회복할 중요한 요소로 본다.[45]

드라마를 통해 그간 관방에 의해 조명받지 못한 '민간', 영웅에 묻혀 스러져간 수많은 '개인'의 이야기가 중국성中國性과 혁명의 기본 바탕이 됨으로써 역사적 기억을 재구성한다. 일상에 던져진

---

45 마오젠, 「혁명역사 정극의 재건: '총알받이炮灰'를 화두로 삼아」, 『중국현대문학』 66호, 2013년.

역사 기억은 현재와 만나 새롭게 구성된다. 〈영원불멸의 번호〉
에서 시톄스가 말한 '국가는 곧 당신'이라는 표현처럼, 개인의 일
상과 체험으로 국가 이데올로기가 밀착되는 것이 바로 그것이다.
2000년대 중국 주선율 드라마의 방식이 이전과 다른 것은 보이지
않는 개인이 역사를 구성하고 증명하며, 그 방식이 영상 기억을
통해 드러나기 때문이다.

　주선율 드라마는 사회주의 국가로서의 중국 특징을 구성하는
대중 문예 형식 중 하나다. 마오젠이 영화의 영상 표현보다 드라
마의 대사 및 이야기에 혁명 역사 정극의 재건 가능성을 더 둔 것
은 드라마라는 장르 특징 때문이기도 하지만, 더 중요한 것은 주
선율 드라마의 효용적 측면 때문일 것이다. 상업 드라마는 사람
들의 세속적 욕망에 근거하며 오락과 여흥을 위주로 사회 불만
을 해소하는 체제 안정 기능을 수행한다. 그리고 주선율 드라마
는 인간이 본질적으로 좇는 정신적 영역을 추구하고자 한다. 즉
이상, 신념, 본질, 진실, 이데올로기다. 이전의 이 요소들은 혁명
과 주류 이데올로기에 근거했으나 이제는 더 폭넓은 가치관과 정
신적 영역을 추구하려 한다. 이 역시 자본주의적 사회로 전환됨
에 따라 부각되는 개인의 욕망을 통과하지 않을 수 없게 됐다. 주
선율은 개인이 처한 현실 및 욕망의 세계와 갈등하며, 결국 신념
과 인간 본성에의 정도를 추구하는 정신적 기능을 수행한다. 이
는 펑샤오강 감독이 말한 '생활의 주선율'이라는 말과 어느 정도

일치한다. 정치적 이데올로기와 혁명적 신념이 아닌 개인의 경험을 통해 진리를 찾는 방식인 것이다. 이는 시청자들의 세속적 욕망과 더불어 보편적 가치 추구의 요구를 만족시킨다. 이 보편적 가치는 어디까지나 사회 질서를 유지할 수 있는 사상적, 윤리적, 도덕적 안전망 안에 포함되어 있다.

5. 오락성과 이데올로기 사이에서

1) 주선율의 새로운 시도

① 반부패에 대한 중국의 의지: 〈인민의 이름으로人民的名義〉의 탄생

〈인민의 이름으로〉(2017)는 반부패反腐敗 수사극이다. 국가 관료의 부정부패와 비리를 고발하고 법의 심판대에 세워 정의를 구현하는 내용은 중국 드라마 제작 풍토에서 쉽게 찾아볼 수 없는데, 국가와 당의 치부를 드러내는 민감한 정치적 소재이기 때문이다. 까다로운 심의 과정을 거쳐야 하는 데다 자칫 '반정부적'이라는 평가라도 받으면 제작자로선 낭패가 아닐 수 없다. 1990년대 중반 이후부터 〈영웅무회英雄無悔〉(1996), 〈대설무흔大雪無痕〉(2001), 〈절대권력絕對權力〉(2003) 등의 드라마가 시청자들의 마음을 사로잡은 적은 있지만, 사상 안전 강화를 이유로 드라마 심의 기준이 엄격해지면서부터 부조리극 드라마는 더욱 찾아보기 어려워졌다.

그러던 중 2013년 미국 정계의 생태와 권력을 사실적으로 그린 드라마 〈하우스 오브 카드House of Cards〉가 중국 인터넷 플랫폼에서 방영되어 큰 인기를 끌었다. 드라마 토론장으로 유명한 '티에바帖吧'에 따르면, 흥미진진한 이 드라마를 보며 중국인들은 가려운 곳을 대신 긁어 주는 듯한 쾌감을 맛봤다고 한다. 또한 중국 정계의 부조리와 음모를 파헤치는 드라마를 과연 언제쯤 볼 수 있을지 성토하며 이데올로기 지형에 갇힌 중국의 드라마 제작 환경이 얼마나 낙후한지 열띤 토론을 벌이기도 했다. 그래서였는지 2014년 드라마 〈메콩강 사건湄公河大案〉(2014)이 세간의 이목을 끌었다. 실제 2011년 10월 5일 메콩강 중국인 선원 납치 살해 사건을 모티브로 제작된 이 드라마는 중국, 태국, 미얀마 정부의 묵인하에 골든트라이앵글에서 자행된 마약 밀매 사건 조사, 즉 반부패 수사를 줄거리로 한다. 최근 10년간 거의 제작된 적 없던 반부패 수사극은 이를 계기로 새로운 전기를 마련했다. 사회 정의가 실현되길 바라는 중국인의 바람은 다시 '인민의 이름으로' 브라운관에 돌아왔다. 더 놀라운 점은 당이 직접 드라마 제작을 진두지휘한 '주선율 드라마'라는 것이다.

〈인민의 이름으로〉는 정부, 자본, 문화 시장이 의기투합한 초대형 프로젝트로, 그 중심에는 부패 척결과 공산당 이미지 쇄신이라는 중국 정부의 의지가 반영되어 있다. 정부와 기업, 기업과 은

행으로 이뤄지는 부정 청탁과 뇌물 수수, 그리고 이 사이에 복잡하게 얽힌 고위 관료들의 이해관계와 도덕적 해이는 더 이상 중국공산당이 '인민을 위해 복무한다爲人民服務'는 믿음을 유지할 수 없게 만들었다. 2016년을 떠들썩하게 한 고위 관료 웨이펑위안魏鵬遠의 부정 축재 사건은 그의 전 재산을 압류하고 뇌물 수수 혐의로 사형을 선고함으로써 막을 내렸다. 자전거로 출퇴근하던 소박한 관리의 숨겨진 호화 저택에서 2억 위안의 현금(한화 약 400억 원)이 발견됐는데, 냉장고와 침대 밑 등 방 안에 인민폐 다발이 가득했다. 조사 과정에서 현금을 세기 위해 16대의 계수기가 동원됐으나 너무 많은 현금을 세느라 그중 4대가 과열로 불이 붙었다. 시진핑 정부가 부정부패 척결에 강한 의지를 보이고 있지만, 이 사건은 빙산의 일각이 드러난 것에 불과해 세간의 공분을 사기에 충분했다.

부정부패에 대한 여론을 의식한 중국공산당은 혁명과 건국이라는 기존 주선율 드라마의 제한적이고 전형적인 소재에서 벗어나 당이 추진하는 현안을 선전할 새로운 주선율 드라마를 시도했다. 당과 당원들에 대한 이미지 제고와 부패 척결 의지를 강화하고자 극본부터 제작에 이르기까지 직접 기획하고, 최고인민검찰원最高人民檢察院과 선전부宣傳部가 유명 드라마 작가이자 장쑤성작가협회 부주석인 저우메이썬周梅森을 찾아가 반부패에 관한 극본을 써 줄 것을 부탁했다. 표현과 내용에서 적극성과 과감함을 허용하는 조건도 덧붙였다. 뇌물 수수 혐의로 구금된 관료들에 대한 심층 인터뷰와 자료 조사도 관련 기관의 협조로 순조롭게 진행됐다. 본래 민감한 주제인 정치와 현안에 대한 드라마는 심사가 매우 복잡하고 까다롭지만, 놀랍게도 단 10일 만에 모든 심사를 통과했다. 드라마에서 민감한 정치적 현안에 대한 과감한 비판과 표현이 허용될 수 있었던 것 역시 심의 과정을 집행한 관방의 입장이 반영된 것이다. 5개의 민간 기업이 막대한 양의 제작비를 지원하고 연기파 배우들이 총출동했으며, 최고 인기 채널 후난위성텔레비전湖南衛視이 삼고초려 끝에 드라마 판권을 사들여 황금시간대 방영을 결정했다. 1999년 위성방송국 시대가 열린 이래 최고 시청률 7%를 기록한 인기 드라마 〈인민의 이름으로〉는 이렇게 탄생했다.

드라마는 성급省級 이상 고위 관료의 부정 축재를 현실감 있게 묘사한다. 1화부터 웨이펑위안을 떠올리게 하는 내용이 등장하는데, 기업이 주식을 발행해 이를 담보로 은행 대출을 받아 빚으로 빚을 갚으며 고리대 폭리를 취한다. 여기서 국가 기관인 은행이 기업 사이에서 이를 알선한다. 기업이 이를 악용해 약한 기업을 합병하고, 흑사회 무리를 투입해 공권력을 사칭하며 폭력을 행사하는 모습이 가감 없이 묘사된다. 인민의 권익이 무참히 침해받는 동안 관료와 기업인은 배를 불리고, 뇌물 수수, 부당 거래, 결탁이 난무하는 추악한 모습이 파격적이고 충격적으로 폭로

된다. 베이징의 최고인민검찰원 반부패국 감찰 직원인 허우량핑이 '인민의 이름으로' 고위 간부와 공직자의 검은돈을 수사하고, 그들을 법의 심판대에 세우면서 드라마는 막을 내린다.

② '인민'의 존재와 부재 사이

주선율 드라마는 혁명이상주의 퇴조 이후 영상 이미지를 통해 공산당의 존재와 역할, 이데올로기로서의 사회주의를 재현함(현존하게 함)으로써 그것의 근본적 상실/부재/공백, 즉 그 자체의 불가능성을 드러낸다. 이러한 의미에서 주선율 드라마는 "현실의 현상적 질서의 틈새와 불연속을 통해 그 순간 현존/부재를 식별할 수 있는 하나의 '외양', 즉 하나의 난포착적 유사물"로 기능한다고 볼 수 있다.[46] 우리는 주선율 드라마의 인기를 통해 이것이 사회 질서 유지, 즉 이상적인 사회주의 이데올로기에 대한 상상을 제공한다는 점 이면에, 사회주의 이데올로기에 공백이 있다는 점을 읽을 수 있어야 한다.

주선율 드라마는 중국인들이 현실에서 느끼는 정치와 공산당원, 그리고 당에 대한 인식과는 전혀 다른 것을 이야기한다. 이는 부재한 것의 기표를 맴돌면서 자기 지시적 묘사와 설명으로 부재 대상을 소환한다. 예를 들어 〈인민의 이름으로〉라는 드라마 제목

---

46   슬라보예 지젝, 이성민 역, 『까다로운 주체』, 도서출판b, 2005, 323쪽.

은 현실에서 부재한 '인민the People'의 존재와 '인민'의 자리를 일컫는다. 여기서 인민이란, 신중국을 세운 주인이자 신성한 권한을 가진 자이며, 공산당이 복무服務해야 하는 대상으로서 공산당 권력의 근거 기반이 된다. 드라마 속에서 공산당이 부패한 관료를 심판하고 처단하는 과정은 진정한 주인으로서의 '인민'의 권익과 권위를 드높이고, 그들을 위한 복무자로 자임할수록爲人民服務 공산당(원)의 존재는 더 강력하고 절대적으로 된다. 만약 공산당(원)에 대해 부정적이거나 비판적인 입장을 취한다면, 그것은 인민people이 열망하는 주인 된 인민the People으로서의 존재적 위치와 권리에 대한 부정이 될 수 있다. 〈인민의 이름으로〉는 현실에서 부재한 인민the People을 교묘하게 화면 안으로 소환한다. 현실 속 미약한 존재이자 관리 대상, 그리고 현실 정치의 참여 가능성이 거의 없는 개인으로서의 인민people은 드라마에 등장하는 인민the People과 분열되어 있지만, 그 이미지의 대상과 상상 속에서 동일시하며 만족감을 얻는다. '인민의 이름으로' 만들어진 상징적 기표의 질서 속에는 비일관성, 즉 인민을 위한 것이 아닌 탐욕/탐재에 의한 부정부패가 발생하는데, 드라마는 이에 대한 처단과 비판적 태도를 보여줌으로써 시청자에게 해소와 만족을 제공한다. 시청자는 인민과 당의 관계, 즉 권력의 주인이자 근원으로서 존재하는 인민과 그 인민을 위해 복무하는 당의 관계를 향유하며 만족한다. 드라마는 이러한 방식으로 이른바 '인민의 이름으로' 이뤄지는 사회적 질서에 대한 수긍과 동의를 만든다. 이렇듯 주선율 드라마는 공산당과 당원의 활약을 통해 그들이 '인민을 위해 복무한다'는 상징적 질서가 유지되고 있음을 인지시키며, 중국이 비교적 이상적인 사회주의 이데올로기 속에 존재한다고 믿게 한다.

이러한 의미에서 주선율 드라마는 '보편적' 이데올로기, 즉 주류 이데올로기가 작동할 수 있도록 두 가지 입장을 통합한다. 하나는 이상적인 사회 질서 내에서 자신들의 주인적 입지를 확인하길 갈망하는 대중의 입장이며, 다른 하나는 당의 적법성 일체를 현시하려는 사회 지배 세력의 이익을 대표하려는 입장이다. 이미지와 서사를 통한 주선율 드라마의 이러한 두 입장의 통합은 죄와 벌, 사필귀정이라는 대중적 내용과 당의 정의 실현과 완벽한 추구라는 표현의 왜곡을 통해 이뤄진다.

결과적으로 주선율 드라마가 재현하는 '위대한 공산당'이라는 상징적 허구의 이미지는 이상적 사회주의 이데올로기라는 '바람직한' 가치 체계의 본질로서 현실 질서를 유지하는 데 기여하나, 다른 한편으로는 현실 속 이데올로기의 공백을 드러낸다. 주선율 드라마를 통한 현실 정치의 불만 해소와 만족은 허구의 자기 반영적 '외양'에 몰입되는, 즉 나르시시즘적 향유라는 시청 활동을 통해 이뤄지며, 그 결과는 국가와 민족에 대한 애국심과 충성심으로 표출된다. 이러한 자기애적 발로는 '고유한 정치'로서의 정치에 대한 실현을 지연시켜 탈정치적 정치에 정박하게 한다.

2) 오락성에 이데올로기를 담다

① 이중첩자의 서사

〈위장자〉는 막대한 자본을 들여 1930년대의 화려한 상하이 모습을 재현하며, 부르주아 청년이 '이중 첩자' 역할을 통해 혁명 계급으로 거듭나는 과정을 그린다. 〈랑야방琅琊榜〉(2015)에서도 약자의 서사인 이중 책사 매장소의 이야기를 중심으로 변주된다.

〈위장자〉는 높은 시청률을 기록하며, 관방이 선정하는 '2015년을 빛낸 20대 드라마'에 선정됐다.[47] 또한 고전극 〈랑야방〉 역시 2015년 페이텐장에서 우수 드라마상을 받으며 '2015년을 빛낸 드라마 20선'에 선정됐다. 〈랑야방〉이 주선율 드라마가 아닌 상업 드라마로 수상한 것은 시청률과 대중성에 수상 기준을 맞춘 변화에 따른 것이기도 하지만, 가장 중요한 이유는 드라마 주

---

47 〈위장자〉는 편당 최고 시청률 2.72%, 평균 시청률 1.93%를 기록하며 2015년 방영 당시 동 시간대 시청률 1위에 올랐다. 방영 5일째 인터넷 일일 평균 시청 기록이 1억976만 명에 이르렀으며, 주선율 첩보극으로는 최초로 인터넷 1억 뷰 이상을 기록했다. 歐雪松,「從電視劇 "偽裝者" 熱播反思我國的思想政治教育」,「當代電視」, 2016年第02期, 36쪽.
　광전총국은 해당 연도마다 국가 문예 정책과 목적에 가장 부합하고 높은 시청률을 기록한 드라마를 우수 작품으로 선정해 다음 해에 드라마 창작의 본보기로 제시한다. 또한 광전총국에서 발의한 "우수 드라마 극본 지원사업 선정방안(개정안)優秀電視劇劇本扶持引導項目評選章程 (修訂版) 的通知에 관한 통지"에 따르면, 우수 드라마 선정을 위한 첫 번째 기준으로 여론과 사상을 인도할 것을 내세우며, "인민과 사회를 위한 복무", "주선율을 선양하고 다양화를 제창하며 여론을 주도할 것 " 등을 주요 기준으로 삼고 있다. http://www.sarft.gov.cn/art/2015/7/10/art_38_27404.html (검색일: 2016.6.27)

제가 중국 민족 전통의 정서와 정신적 가치를 발양하고 애국심을 고취한다는 가치 평가 때문이다. 이는 '주선율'의 개념이 당의 역사와 건국을 중심으로 하는 애국애족으로부터 정의 실현과 권선징악이라는 사회 질서를 위한 '생활 윤리의 서사'로 확대됐음을 보여 준다. 〈위장자〉는 자본력을 바탕으로 오락과 재미를 더해 '80후', '90후' 등 젊은 시청자층을 확보했고, 〈랑야방〉은 주선율 서사와 가치 체계를 전유하면서도 젊은 세대의 정치 참여 의식과 현실 정치에 대한 욕망을 해소했다. 두 드라마는 시청자의 요구와 관방 이데올로기, 그리고 시장 자본의 결탁 방식을 드러내는 '중국식 드라마'의 전형을 보여 준다.

② 올드 상하이와 혁명 계급의 탄생: 즉자적 계급에서 대자적 계급으로

〈위장자〉는 지하 공산당원의 항일투쟁 암약사를 그리지만, 주요한 흐름은 공산당원의 희생정신과 우수성을 강조하며 부르주아계급 청년이 국민당원에서 공산당원으로 거듭나는 과정이다. 주선율 드라마로는 이례적으로 1930년대 상하이 상류 계층 청년을 주인공으로 설정했으며, 당시 상하이의 화려한 모습과 소비 생활을 묘사하는 장면이 많다. 특히 상류 사교 모임의 무대가 되는 카페, 무도회장, 호텔이 배경으로 자주 등장하며, 가구와 인테리어를 비롯한 당시 사람들의 유행과 복장 등의 생활상을 세밀하게 묘사한다. 〈위장자〉는 올드 상하이와 자본가계급의 생활

상에 대한 상상을 제공했고, 흥미진진한 첩보전은 중국의 이데
올로기를 유연하고 간접적으로 드러낼 뿐 아니라, 드라마 수출
시 타문화에서의 '문화 할인율'을 낮출 수 있었다. 그 예로 〈위장
자〉는 한국 중화TV에 수출·방영[48]되어 수많은 중국 드라마 팬
을 만들었는데, 이는 사회주의 국가가 아닌 나라에서도 충분히
재미와 감동을 느낄 수 있도록 주선율 드라마에 보편적 가치와
다양한 오락적 요소를 도입함으로써 드라마를 통한 중국 관방
이데올로기 수출이 가능해졌음을 시사한다. 이처럼 이데올로기
성이 강한 중국 주선율 드라마를 수출해 인기를 끈 일은 매우 이
례적이다.

이 드라마는 부르주아 청년이 우연한 기회에 항일전선에 투신
해 공산당원의 진정한 혁명 전사로 거듭나는 과정을 그린다. 주
인공 밍타이는 국민당의 비밀 요원으로서 몇 건의 임무를 수행하
면서 공산당의 지하 행동 조직과 합동 작전을 펼칠 기회를 얻고,
이 과정에서 공산당원의 지략과 우수함, 인민의 생명을 소중히
돌보는 태도에 깊이 감명받는다. 또 밍타이는 일본군의 포로로
끌려와 노역하는 중국인들을 탈출시키는 과정에서 이들이 극심
한 고통과 죽음의 위기에 처해 있다는 사실을 깨닫고 같은 중국

---

48   〈위장자〉는 중화TV에 〈위장자: 감춰진 신분〉이라는 제목으로 2016년 3월 1일부터 주
      말 밤 10시에 2회씩 방영됐다.

인으로서 비통함을 느낀다. 공산당원이 죽음의 위기로 내몰린 어린 소년의 목숨을 구하기 위해 대오를 이탈해 뛰어드는 모습을 보고 감동받기도 한다. 그 후 자금을 마련하기 위해 인민을 속이고 불법과 비도덕적인 행동을 일삼는 국민당에 크게 실망하고, 자신이 국민당 소속임에 회의를 품는다. 그리고 국민당이 아닌 공산당의 혁명 전사가 되어 국가를 위해 헌신하겠다는 사명감을 갖게 되며, 진심으로 공산당과 인민을 위해 투신하기로 결심한다.

이처럼 실천과 행동을 통한 깨달음은 그가 '즉자적 계급class-in-itself'에서 '대자적 계급class-for-itself'으로 거듭나는 과정을 보여 준다.[49] 즉자적 계급은 어떤 계급에 속하지만 그에 해당하는 계급의식이 결여된 경우를, 대자적 계급은 투쟁을 위해 자신의 계급과 계급의 이익이 무엇인지 구체적으로 깨달은 계급을 말한다. 혁명을 완수할 수 있는 계급은 즉자적 계급이 아닌 대자적 계급이다. 『공산당 선언』에서 언급한 것처럼 프롤레타리아계급의 투쟁은 여러 단계를 거치며 그들의 존재와 함께 시작된다. 부르주아계급

---

49 즉자와 대자의 개념은 헤겔의 변증법에서 비롯된 것으로, 사유의 논리인 동시에 존재의 논리가 된다. 먼저 한 사유나 사물이 직접적으로 주어지는데, 이는 추상적이고 직접적이며 무반성의 즉자태卽自態라 한다. 그리고 이 직접적 소여는 반드시 내적 모순과 자기 분열에 의해 새로운 사고의 입장이나 사물의 존재가 나타나는데, 이를 대자태對自態라 한다. 또 제3의 단계에서 고차적 발전으로 해소, 통일되는데, 이를 즉자대자태卽自對自態라 한다. 첫 번째를 정(正, 定立), 두 번째를 반(反, 反定立), 세 번째를 합(合, 綜合)이라 한다. 헤겔은 이 3단계를 사유와 존재 발견을 규정하는 하나의 필연적 원리이자 진서로 보았다. 권기철, 『헤겔과 독일관념론』, 철학과현실사, 2006, 26~27쪽.

출신인 밍타이는 납치에 의해 국민당원이 됐고, 마치 게임과 같은 임무 수행 과정을 통해 자신감을 얻으며 "민족과 국가를 위한 희생은 어느 정도 가치 있는 일"이거나 "남자로서 인생을 걸어 볼 만한 멋진 일"이라고 생각한다. 이때까지만 해도 밍타이의 행위는 마치 프롤레타리아계급이 부르주아 개인에 대항해 공장에 불을 지르고 기계를 부수면서 시민적 생산관계에 대한 고려 없이 생산도구 자체에 대항하는 것처럼 진정한 혁명 주체로서의 혁명이 아니었다.[50]

그러나 이후 밍타이는 거듭되는 임무 수행과 경험을 통해 부르주아로서 겪지 못한 고난을 경험하고, 일본인의 지배하에 신음하는 중국인의 고통을 알게 되면서 자신도 이들과 같은 중국인임을 깨닫는다. 그는 스스로 중국인을 대표하는 계급(공산당원)임을 자각하고, 그에 해당하는 의식과 행동을 갖춤으로써 혁명을 수행할 수 있는 진정한 혁명 주체로 거듭난다. 〈위장자〉는 주인공 밍타이의 변화를 통해 부르주아계급을 사회주의혁명 주체로 소환하면서 혁명의 주체가 공산당이어야 함을 드러낸다.

③ 중국몽: 약자의 서사와 승리의 '전술'

〈위장자〉는 1938~1939년 상하이를 중심으로 밍明씨 가문 형

50　이진우 역, 『카를 마르크스 · 프리드리히 엥겔스 공산당선언』, 책세상, 2006, 26쪽.

제들의 항일투쟁을 그린다. 이들은 모두 공산당 비밀 지하 조직
원으로, 신분을 숨기고 일본과 국민당 조직에 침투해 암암리에
활약한다. 큰누이 밍징은 자본가로 활동하면서 지하당원들에게
필요한 자금과 군수 물자를 보급하며, 밍러우는 국민당 군통상해
지부의 정보과장과 상하이 경제고문을 지내면서 일본 및 국민당
과 긴밀한 관계를 유지해 정보의 최전선에서 활약한다. 밍청은
정보과 부관으로 재직하며 밍러우를 도와 지하당원들을 관리하
고 정보를 하달하는 역할을 한다. 밍타이는 원래 홍콩대학 학생
이었으나 국민당의 군사학교장에게 납치되어 행동 요원으로 양
성된다. 그러나 그를 납치한 군사학교장은 국민당으로 활약하는
공산당 비밀 요원이었고, 결국 밍타이는 공산당원으로서 국민당
원 신분을 유지한 채 새로운 항일전선을 위해 투신한다.

이때는 항일 시기로 국민당과 공산당이 서로 협력해 통일 항일
전선을 구축하지만, 드라마에서 공산당 지하 행동 조직과 협력하
는 국민당원들은 결국 국민당에 소속된 위장자, 즉 신분을 감춘
공산당원이다. 드라마에서는 분명 국공이 공통된 항일 의지를 갖
고 있다고 강조하지만, 국민당원들은 항일 노선의 소극적 조력자
이거나 친일파로 그려진다. 반면 상대적으로 열세에 놓인 공산당
은 신분을 겹겹이 위장해 일본 진영 한가운데서 적극적으로 활약
하며 치명적인 타격을 입힌다. 이들이 이용하는 '이중 첩자' 방식
은 상대적으로 열세인 약자가 취할 수 있는 가장 위험하지만 효

과적인 '전술tactics'51이다. 전술은 열세에 처한 개인이 주변 상황과 변화를 이용해 상대에게 반격할 수 있는 필승의 계획이다. 이들은 상대 진영의 가장 깊은 곳에 거하면서 상대방의 핵심 정보를 빼내고 적에게 치명타를 입히는가 하면, 상황을 이용해 최대한 적의 진영을 교란한다. 위장, 전술, 게릴라전은 승리를 향해 나아가는 약자의 방식이자 유기적 방식이며, 공산당이 즐겨 쓴 방식이자 그람시의 이데올로기 투쟁 방식의 핵심 개념이다. 그러나 이 개념은 드라마 내부에서 관방 이데올로기를 철저히 구성하고 전파하기 위한 서사 전략으로 이용된다.

이중 첩자의 서사는 약자가 고난을 통해 승리하는 고난의 서사이자 성공 신화라고 할 수 있다. 공산당과 신중국의 역사뿐 아니라 민족과 개인의 고난사를 포함한다. 고난의 서사는 '어떻게 세워진 중국인가?', '어떻게 되찾은 산하인가?', '어떻게 고난을 극복하고 이뤄낸 전 인민의 국가적 성과인가?'를 일깨우며 시청자

---

51 전술은 군대와 무기를 갖춘 규모 있는 장기적 전략에 대비되는 약자의 전략으로, 그람시의 이데올로기 투쟁 개념인 '진지전war of position'의 핵심 개념이다. 이는 연관된 관념들의 전체 연쇄 속에서 다양한 '민주주의' 개념의 접합을 뜻하며, 이데올로기적 해체와 재구성 과정을 일련의 조직된 정치적 입장에 접목하고 특정한 사회 세력들과 접합하는 것을 뜻한다. 미셸 드 세르토는 국가의 억압적 기제하에 일상생활 영역에서 개인이 저항할 수 있는 방식으로 전유appropriation를 통한 저항의 전술을 언급한 바 있다. 전유는 기존 상황이나 사물을 다른 방식으로 재해석해 나름의 의미를 구현하는 방식을 말한다. 임영호 편역, 「이데올로기의 문제」, 『스튜어트 홀의 문화이론』, 한나래, 2008, 54쪽; Michel de Certeau, *The Practice of Everyday Life*, University of California Press, Berkeley, 1984, 31쪽.

들의 현실적 고난과 불평등을 정서적으로 해소하며, 사회 통합과 인민 역량의 총결집이라는 관방 이데올로기에 일조한다. '고통의 서사'를 통해 당대 중국인이 처한 현실과 불평등에 대한 불만을 치유와 위안이라는 정서로 봉합한다.

또한 이중 첩자는 자신의 목적을 위해 신분을 위장해 최후의 승리를 쟁취하는데, 이는 중국이 주장하는 '중국식 사회주의의 길'을 보여 주는 은유이기도 하다. 실제로 중국은 전 지구적 경제 질서에 편입했고, 그 어떤 나라보다 괄목할만한 경제 성장을 이뤘다. 그리고 세계 질서에 적응하며, 결국 '중화민족의 부흥'과 '중국식 사회주의 실현'을 위한 장기적인 계획과 질서를 수립하고 있다고 표명한다. 첩보전과 이중 첩자의 서사는 공산당이 걸어온 길을 효과적으로 보여줌과 동시에 당대 중국의 관방 이데올로기를 설명하는 주요한 서사다. 이는 중국이 천명한 '도광양회韜光養晦'52와 일맥상통하며, 최후의 승리인 중국식 사회주의 실현, 즉 '중국몽'의 원대한 계획으로 이어진다.

최근 몇 년간 인기를 얻고 있는 주선율 드라마는 시청자들이 생각하고 비판할 수 있도록 공간을 열어 두는 참여적 독해보다는

---

52   '도광양회'란 본래 자신의 능력과 재능을 감추고 실력을 기르며 때를 기다린다는 의미다. 삼국연의에서 조조에게 몸을 의탁한 유비가 그의 의심을 피하기 위해 낮은 자세로 거했다는 이야기에서 유래한 이 성어는 1990년대 덩샤오핑 시기 중국의 외교 방침으로 사주 인용됐으며, 당시 대외 정책이 외부 마찰을 피하고 내부 역량을 강화하는 것을 주요 목표로 삼고 있었음을 시사한다.

희생, 봉사, 애국심, 동지애, 약자와 정의의 승리 등과 같은 보편
적 가치를 서술함으로써 순응적 관람에 초점을 맞추며, 결과적으
로 이념적 · 정서적 공동체를 형성할 수 있도록 한다. 따라서 이
중 첩자의 서사는 중국이 사회주의 국가를 수립한 과정과 이에
대한 역사적 기억을 위기와 반전 등의 극적 요소와 결합시켜 사
회주의 건국이념과 이데올로기를 전파하는 관방의 드라마 서사
전략이라고 할 수 있다.

④ 조화사회: '중국식 네이션' 형성

〈위장자〉의 지하당원으로 활약하는 밍씨 가문 형제들은 혈연,
명분, 의기로 맺어진 가족으로, 본래 밍징과 밍러우가 혈연관계
의 남매다. 어느 날 밍징은 자신의 집에서 일하는 아주머니에게
학대받는 양자를 구해 준다. 고아인 그 아이에게 밍청이라는 이
름을 지어 주고 가족의 일원으로 받아들인다. 이후 밍징과 명루
가 밍씨 가문을 음해하는 왕씨 가문의 습격을 받는데, 이때 아이
와 함께 길을 가던 묘령의 여인이 둘의 목숨을 살리고 죽는다.
밍징과 밍러우는 자신들을 위해 희생한 여인의 아들에게 밍타이
라는 이름을 지어 주고 친동생처럼 기른다. 훗날 밍타이가 자신
이 국민당 신분이었으나 공산당원 손에 행동 요원으로 양성된
것과 그의 형 밍러우 역시 공산당 지하당원의 행동 조직 수장임
을 알게 된 후 자신의 정체와 형의 신분을 묻는다. 밍러우는 그

의 물음에 "나는 여전히 너의 형이자 가족이고, 공산당원이다. 그리고 우리는 중국인이다"라고 대답한다. 감춰진 신분과 정체성을 드러내는 순간마다 이들은 가족의 일원이자 공산당원임을 잊지 않으며, 결국 조국의 해방과 승리를 위해 싸워야 하는 중국인임을 확인한다.

〈위장자〉는 가족이 곧 국가임을 수시로 드러낸다. 여기서 가족은 혈연관계뿐 아니라 정치적 신앙, 명분, 의기를 기반으로 하는 굳건한 공동체이자 중화민족이며, 나아가 중국인이다. 위험과 고난 앞에 서로의 안위를 걱정하며 '단결'하는 공동체는 민족과 중국 인민에 대한 상상을 만들어 낸다. 이 드라마에서 나타난 중국적 서사는 신분, 부족, 지역, 민족, 언어 등이 공존하는 가장 보편적이고 기본적인 단위들을 '가족'의 이름으로, 나아가 국가의 구성원(중국인)으로 묶음으로써 주권의 구성원으로 인민(중화민족)을 소환한다. 여기서 "공동체의 상상적 회복은 '감정'이라는 형태로밖에 의식되지 않는 '교환'을 만드는 것"으로 가능한데, 이 교환이 바로 증여와 답례라는 호수(互酬, reciprocation)다. 호수란, "교환처럼 보이지 않는 교환인데, 아이가 부모에게 은혜나 부채감을 느끼는 것이 이에 해당한다. 이는 여기에 일종의 '교환'이 있음을 의미하며, 상품교환과는 다른 교환이자 의무감, 책임감, 채무감을 뜻한다."53 '개인⊂가정⊂인민⊂국가'라는 도식에서 이 사이를 채우는 것이 바로 호수적 교환, 즉 의무감과 책임감이나. 이를 하나로 묶는 것이 바로 공산당이라는 '신앙信仰'이며, 이것이 바로 주선율 드라마가 현실 문제와 정치 투쟁을 가리기 위한 도구, 즉 이데올로기로서 기능하고 있음을 보여 준다.

드라마 속 밍씨 일가의 구성원은 혈연이 아닌 공산당이라는 정신적 동질감과 정치적 정체성이라는 신앙으로 결속된 구성체다. 가족이 반드시 혈연을 기반으로 구성되지 않는 것처럼, 민족 또한 반드시 한 혈통으로 구성되는 것은 아니다. 밍씨 일가는 의견 충돌과 마찰이 생길 때마다 "어려울 때일수록 내부적으로 단합하고 단결해야 함"을 강조함으로써 당대 중국의 민족과 국가에 관한 상상을 제시한다. 중국 관방은 민족 내부 분열과 사회 혼란이 정치 위기로 전환되는 것을 방지하고, 경제 발전, 중화민족, 문화 굴기의 기치를 내세우며 민족 통합을 강조했는데, 이것이 바로 개인, 가정, 인민, 국가를 하나로 결집하는 당대 중국 관방이데올로기의 핵심인 '조화사회和諧社會'다. 〈위장자〉의 밍씨 가문 형제들은 바로 혈연, 애국, 의기, 명분으로 뭉친 하나의 공동체이자 중화민족과 중국인에 대한 상상을 만들어 준다.

---

53 가라타니 고진, 조영일 역, 『세계 공화국으로』, 도서출판b, 2007, 34쪽.

3) 오락성과 이데올로기의 대립과 타협

① 강호와 조정의 대립: 윤리적 공동체 도래와 현실 정치 참여의 갈망

사극과 무협이 어우러진 〈랑야방〉은 조정의 권력 투쟁과 은원 관계에 휘말린 강호江湖의 인물이 펼치는 고전극이다. 〈랑야방〉의 대양제국大梁帝國 황제 일가는 조정朝廷 정치와 암투의 핵심 세력이며, 황제는 권위와 황권의 상징이자 끊임없이 황자皇子의 충성을 의심하고 시험하는 권력의 속성 그 자체다. 랑야각琅琊閣은 강호의 질서를 대표하는 곳이자 조정, 즉 법적·세속적 질서인 도덕적 세계와는 다른 정의·의리·우정 등의 윤리적 질서가 지배하는 공간이다. 강호의 윤리적 질서는 공동체의 결사盟를 기반으로 하며, 조정과 상관없이 살아가는 백성이 기댈 공간이자 몸담고 살아가는 터전이기도 하다.

고전극 드라마에서 강호의 공간이 새롭게 등장한 것은 최근 고전극의 경향을 살펴 볼 때 눈여겨 볼만하다. 1990년대 진융金庸 소설 기반의 드라마가 한 시절을 풍미했을 때, 강호는 사랑과 우정, 정의가 살아 숨 쉬는 세계였으며, 츙야오瓊瑤의 드라마 대표작 〈황제의 딸還珠格格〉 역시 조당 정치와는 상관없는 '후궁後宮'[54] 젊은이들의 사랑과 우정을 그렸다. 그리고 2000년대 강호는 그나마 명맥만 유지한 채 코믹 시트콤 〈무림외전武林外傳〉처럼 범속한 인간으

---

54   황제와 그의 가족을 비롯한 황후와 비빈들이 거처하는 공간이자 황실 가족의 생활공간.

로 변모한 강호인이 펼치는 '우리터우無厘頭'[55]의 세계였다. 또한 후궁은 시공을 초월해 날아간 현대 여성이 사랑을 쟁취하는 현실도 피처였으며(穿越劇), 권좌를 향한 욕망과 탐욕을 그리는 피비린내 나는 여성들의 전쟁터였다(宮鬪劇). 시청자들은 오랫동안 현실에 영향을 미치지 못하는 이상 세계 묘사에 실망을 느끼고, 권력을 향한 세속적 욕망의 이야기에 심미적 피로감을 느꼈다.

그리고 이후 드라마에 재등장한 강호는 도의와 정의의 가치를 중심으로 하는 윤리적 공동체이자 조정 정치의 폐단을 바로잡는 대안적 공동체다. 조정의 질서를 바로잡는 강호의 질서는 바로 정의正義다. 강호의 인물인 매장소(梅長蘇/蘇哲/林殊)[56]는 강호의 맹주이지만, 무공을 전혀 할 수 없는 병약한 모습으로 등장한다. 호위무사가 없으면 스스로 보호할 수 없을 만큼 나약한 '강호인'의 형상은 현실 정치에 참여할 수 없는 무력한 당대 중국인의 현실을 반영한다. 그의 친구와 조력자들은 조정에 속하기 전에 스스로 윤리 공동체인 '강호'에 속한 강호인이라 자부하며, 모든 사건의 실마리를 푸는 동안 병약한 매장소를 돕는다. 이들의 도움은 도의와 정의의 회복을 위한 자발적인 참여, 그리고 정의가 승리

---

55   관련 없는 사물이나 현상을 서로 연결 지어 웃음을 유발하는 방식으로 비꼬거나 풍자하는 방식. (바이두 검색: 2016.5.15)

56   이 드라마에서 주인공은 신분과 처한 상황에 따라 매장소, 소철, 임수라는 이름으로 등장하는데, 모두 동일 인물이다.

하기를 바라는 열망에서 비롯된 것이다. 이는 드라마 작가와 주요 시청자인 중국 '80후' 및 '90후' 세대의 현실 인식과 정치 참여 열망이 반영된 것이다.

중국 도시의 '80후', '90후' 세대 가운데 대다수를 차지하는 농촌 출신들은 이전 농민공과는 달리 고향으로 돌아가 경작할 농지를 분배받지 못하며,[57] 그중 일부는 고학력 화이트칼라白領 계층이다. 이들은 토지와 유리돼 있고, 도시에서 삶을 영위하지 않으면 안 되는 도시의 유동 인구이자 거대한 산업 노동자 예비군 집단이다. 그러나 비싼 물가와 집값으로 인해 도시에서의 삶이 흔들리고, 각종 사회 변화와 현실 문제가 "중국 사회가 자본과 노동의 대립적 모순이 주요 모순으로 변화"[58]하는 역사적 단계에 진입하도록 했다. 이런 사회적 배경은 소농 경제를 바탕으로 하는 소자산계급의 토대를 파괴할 뿐 아니라, 농민과 사회적 약자를 주축으로 일어선 중국공산당의 정체성을 약화하는 결과를 낳았다. 특히 스스로의 권리를 대변하기 어려웠기에 국가 동원 체제에 순응

---

57 2003년 농촌에서 "집체토지승포법集體土地承包法" 시행 이후 토지에 대한 촌락 공동체의 '집단적 소유권'이 박탈됐다. 이는 토지에 대한 농민의 권리를 급진적으로 사유화하는 과정이며, 이 과정에서 농민이 인구 변동에 따라 토지를 재분배받지 못하는 상황이 발생했다. 이른바 도시에 유입된 '농이대農二代'는 토지와 유리된 유동 인구로 전락했고, 도시의 노동 예비군이라는 노동자계급이 되었다. 원톄쥔, 김진공 역, 『백년의 급진』, 돌베개, 2013, 54~58쪽 참고.

58 위의 책, 56쪽.

하고 현대화의 사명에 자기 노동력을 헌신한 이전 세대와는 달리 '80후', '90후' 세대는 처음으로 서구 이론에서 말하는 노동자계급으로서의 정체성을 형성하고, 이에 따른 현실 의식과 정치 개혁에의 열망을 갖고 있다.

젊은 세대의 통치계급에 대한 반항과 정치 참여에의 열망은 병약한 매장소가 이중 책사의 신분과 지략을 통해 조당 정치와 권력 구조를 바꾸는 과정을 흥미롭게 지켜보게 했다. 하지만 드라마 내에 통치 계급에 대한 저항은 거의 드러나지 않는다. 매장소가 조정의 권력 구조를 바꾸기 위해 모든 것을 희생하는 모습은 개인적 은원 관계 청산과 애국 충정의 발로 때문인 것으로 묘사된다. 통치 권력에 대한 저항과 반항을 지켜보려는 시청자의 욕구는 오히려 애국 충정과 누명의 환원과 같은 보편적 가치 체계에 겹겹이 감춰진다. 이는 관방의 승인을 거치는 중국 드라마 제작 메커니즘의 한계 때문이다. 〈랑야방〉의 이중 책사 서사는 관방 중심의 드라마 제작 메커니즘에 대한 자본·작가·시청자의 욕망으로 대표되는 '민간'의 서사 전략이라고 할 수 있다.

② 현실 정치 표현과 미디어 정책의 타협

〈랑야방〉의 조당 정치의 핵심은 권좌를 향한 욕망과 권력의 속성이다. 여기서는 조정을 통해 권력의 속성과 인간의 본성을 적나라하게 그리며, 잘못된 조정 질서를 바로잡는 강호 질서의 승리를 보여 준다. 대양제국 황제의 장자인 기왕은 백성의 두터운 명망을 받으며, 황권의 상징인 황제 직속 감찰 기구의 불합리한 전횡을 고발하고 폐지할 것을 간언했다. 이를 엿들은 대신 하강은 자신이 수장으로 있는 감찰 기구가 폐지되어 관직을 잃을 것을 염려했고, 황권을 위협하는 존재인 기왕이 탐탁지 않은 황제의 심기를 이용해 사옥과 음모를 꾸민다. 황제의 누이 장공주의 남편 사옥은 야심으로 가득 찬 인물로, 하강을 도와 기왕이 반역을 꾀했다고 음해하며 증거를 날조하고, 그의 호위 부대인 적염군赤焰軍까지 몰살한다. 황제는 황권에 위협적인 존재였던 기왕의 역모죄 처형을 묵인하고, 기왕과 그를 보필한 호위대장 임섭(매장소/임수의 아버지)의 억울한 죽음을 제대로 조사하기는커녕 오히려 황명으로 불문에 부치고 외면한다. 임수는 조정 정치의 반역 음모에 연루되어 멸문지화를 당하고, 그의 부친이 이끄는 수만의 적염군 역시 눈앞에서 전멸당하는 비극을 겪는다. 임수는 이 과정에서 치명적 독에 중독되지만, 억울하게 희생당한 가족과 수십만 군사의 명예를 회복하기 위해 긴 세월 지옥과 같은 해독의 고통을 참으며 지략을 쌓는다. 해독 과정에서 용모와 목소리가 변하고, 이후 매장소라는 이름으로 활약하며 강호의 맹주가 되어 랑야방에 이름을 올린다. 매장소는 천하를 얻기 위해 필요한 지략가이자 책사로 이름을 날리며, 대양제국 태자와 야심가인 제5황자의 권력 투쟁 사이에 끼어든다. 매장소는 5황자인 예왕의 책사가 되어 태자를 견제하는 한편, 어린 시절 함께 자랐고 누구보다 기왕과 자신의 가문의 결백을 증명해 줄 7황자 정왕의 책사로서 암암리에 활약한다.

매장소의 '위장'과 이중 책사의 전략이 시청자를 사로잡는 이유는 최근 인기를 얻은 주선율의 핵심 서사인 '약자의 전술'이 고전극에서 새롭게 변주되기 때문이기도 하지만, 그 목적이 가문의 복수라는 개인적 원한 관계에서 비롯된 것이 아니라 역적의 이름으로 사라져간 수십만 대군의 명예 회복이라는 대의명분을 띠기 때문이다. 또한 병약하고 조정에 관직 하나 없는 매장소가 지략과 전략을 통해 조정의 권력 구도를 바꾸는 과정은 "문제는 조정에 있지만, 해답은 강호에 있다問題出自朝堂, 答案却在江湖"는 랑야각 각주 린신의 말처럼, 〈랑야방〉이 강호의 인물을 통해 현실 정치의 혼란을 바로잡고 정의 구현을 지켜보고자 하는 풀뿌리 민간草民의 정서를 반영하는 것이다.

〈랑야방〉 작가는 현실 정치에 대한 직접적 언급을 지양하는 미디어 지형에서 관방 이데올로기를 드러내는 주선율 서사 모델을 전유하며 '애국과 충성', 그리고 피의 누명을 환원하는 과정(善의 승리)을 그림으로써 관방의 미디어 정책에 부합하도록 '위장'하는 한편, 민간 정서를 반영하면서도 현실 정치 상황과 권력의 속성을 은밀하고도 치밀하게 구현했다. 또한 전통 의상과 의례 등 많은 부분에서 민족 전통과 문화를 발양하는 계기가 됐다는 호평을 받았다. 또한 상업 오락 드라마로서 큰 성공을 거뒀을 뿐 아니라 관방의 주목을 받았으며, 광전총국이 선정하는 우수드라마 명단에도 이름을 올렸다. 〈랑야방〉은 약자와 정의가 승리할 수 있다는 시청자들의 바람과 오락적 재미라는 시청 욕구를 만족시킬 뿐 아니라 관방의 드라마 문예 정책에도 부합한다.

〈랑야방〉은 민간 정서를 담으면서도 어떻게 관방의 제작 인가를 얻는가의 문제를 주선율 서사의 전유로 풀었다. 대중 문예 이데올로기와 생산 제도라는 씨줄과 날줄로 짜인 드라마 바둑판에서 관방 이데올로기와 대국하는 민간 정서가 이처럼 매복과 잠복, 위장과 전유의 '전술'을 통해 이뤄졌다.

이 장에서는 〈위장자〉와 〈랑야방〉을 통해 중국 드라마가 대중 문예 이데올로기와 생산 제도라는 메커니즘 안에서 관방 정책과 이데올로기, 자본, 작가, 시청자의 욕망에 어떻게 영향받으며 미디어 지형을 형성하는지 분석했다.

주선율 드라마는 당의 이데올로기와 관방 정책을 널리 선전하고, 더 많은 수익을 창출하기 위해 기존의 틀에 박힌 내용보다는 오락적 재미와 상업성을 도입했다. 주선율 드라마의 세속화는 관방 이데올로기가 시장과 결탁한 결과라고 할 수 있다. 또한 최근 주선율 드라마는 이 과정에서 다양한 정책과 상황 변화에 따라 '첩보전' 중심의 치밀한 전개와 복선, 위기와 반전의 재미를 살린 이중 첩자의 서사로 대중의 인기를 얻고 있다.

상업 드라마 중에서도 〈랑야방〉은 사극과 무협의 장점과 특징을 갖는 고전극이다. 이 드라마는 주선율 드라마의 이중 첩자 서사를 변주한 이중 책사 매장소의 이야기를 통해 애국과 충성을 장려하고 정의를 구현한다. 강호에 은거하는 책사가 조정의 권력 구조에 영향을 미치며 가문의 명예를 회복하고, 수많은 사람의 누명을 환원한 이야기는 위기와 반전을 거듭하며 시청의 재미를 주었고, 동시에 현실 정치 문제와 권력 속성에 대해 비판적 태도를 드러낸다. 이는 관방이 규정한 드라마 제작 절차와 제도 안에서 작가의 표현의 자유와 시청자의 욕망, 자본의 욕망이 결탁한 경우다.

이처럼 중국 드라마는 관방, 자본, 작가, 시청자의 욕망이 서로 결탁하고 견제하고, 협력하고 대립하면서 다양한 미디어 지형을 이루고 있다.

★

6. 생활공간과 기억의 재구성,
그리고 이미지의 정치

도시는 역사가 누적된 공간이며, 삶의 형식, 실천, 다양한 사회적 관계와 삶의 연관들이 구성과 재구성을 거치는 고도의 집적점이자 시공간의 매트릭스다.[59] 도시를 읽는다는 것은 과거에 침잠한 삶의 형식과 역사를 현재의 권력과 지배 이데올로기, 생산과 재생산, 계급과 문화, 그리고 인식의 형태들 속에서 새롭게 재구성하는 "구체적 총체성"[60] 검토의 시도다. 이는 재조명된 도시 공

---

59 슈테판 권첼, 이기흥 역, 「공간 그리고 역사」, 『토폴로지─문화학과 매체학에서 공간 연구』, 에코리브르, 2010, 49~59쪽.

60 공간 읽기에서 구체적 총체성을 해독하는 방식은 "공간 관련 내러티브, 병렬성과 동시성의 내러티브에 대해 합리적 전개 방식과 기술 방식을 제공하고자 하는, '구체적인 것에서 일반적인 것으로 넘어가는', 예시적인 것들에서 구체적 전체로 재구성하는 귀납적 기술 방식이다." 위의 책, 62쪽 10~13번째 줄 요약 발췌.

간을 통해 레짐과 문화 코드의 변화에 따라 도시 역사 기술記述이 새롭게 조직되는 방식임을 보여 주는 문화학의 입장인 '공간적 전회'로, "지도 제작"과 비유할 수 있다.[61]

지도는 점·선·면과 기호로 구성된 이미지이며, 이미지를 넘어 장소를 기술하는 방식이기도 하다. 그리고 장소 기술 방식은 단순히 장소란 무엇인가의 문제를 넘어 공간적 차원에서 시간의 누적된 흐름을 시각적인 것과 사회적인 것의 상상력으로 감각있게 드러낸다. 이 과정에서 이데올로기 등의 동시대적 가치가 새겨진다. 지도가 기호로 구성된 공간 이미지라면, 드라마는 재현 체제로 구성된 문화 이미지라 할 수 있다. 드라마의 이미지 역시 여러 현실의 표상적 자료와 공간을 미화, 강조, 배제, 변형, 왜곡 등 기술적으로 구성해 사회적, 문화적, 인지적 공간에 대한 상상을 만들기도 하고, 새로운 기억을 재구성하기도 한다. 드라마의 이미지는 이런 점에서 현지인을 포함한 외부의 타자들에게도 문화적·

---

61   1990년대 이후 문화학의 주요 방향 전환 패러다임 중 하나로 '공간적 전회'를 들 수 있는데, 이는 공간성이 문화의 개입 없이 구성될 수 없다는 인식에 기반한다. 공간이란 무엇인가에 대한 답을 찾기보다는 시대와 역사가 인간 사회의 내부 구조와 경제에 미친 영향을 파악하려는 방식에 가깝다. 이를테면 어떤 지도를 만드느냐의 문제가 아니라, 물질적·비물질적 조건을 포함해 지도 제작에 영향을 미치는 기제들을 분석하려는 연구 패러다임의 전환이다. 공간에 대한 문화학적 패러다임 전환에 대해서는 다음의 자료를 참고. 위의 책; 외르크 되링·트리스탄 틸만, 이기숙 역, 『공간적 전회−문화학과 사회과학의 공간 패러다임』, 심산, 2015; 마이크랭·나이절 스리프트, 최병두 역, 『공간적 사유』, 에코리브르, 2013.

이데올로기적 지형과 상상을 제공한다.

중국 드라마의 도시극都市劇 가운데 이야기의 주요 배경으로 자주 등장하는 곳이 상하이와 베이징이다. 특히 상하이는 수도 베이징과 더불어 중국 대도시를 표상하는 전형성을 띤 공간이며, 시장체제와 발전에 대한 국가와 도시 정책의 성과를 상징하는 현대적 공간이다. 상하이의 역사적 경험과 경관은 현대 중국 도시의 일상생활과 국제적 위상을 보여 주며, 이를 배경으로 드라마는 현실-이데올로기-도시 상상의 층위에 걸쳐 정치와 자본에 의한 스펙터클을 만든다. 여기서는 장르별로 각기 다른 층위의 상하이를 그린 3편의 드라마 〈달팽이집蝸居〉, 〈위장자〉, 〈환락송歡樂頌〉을 중심으로 드라마의 이미지 공간이 일상생활 현실 담론, 역사 정치 이데올로기, 도시의 환락과 꿈이라는 신화를 통해 어떠한 문화적 지형을 형성하는지 분석한다. 이는 미디어가 문화 공간으로서의 상하이를 어떻게 그리는가의 문제를 넘어 드라마가 상하이를 통해 당대 중국의 '도시성'을 만드는 여러 담론적 실천의 문제를 규명하려는 것이다.

이를 위해서는 수많은 이데올로기적 기제를 동반한 물질적·비물질적 조건을 파악해야 한다. 먼저 세 편의 드라마를 중심으로 상하이 경관을 형성하는 물질적 조건, 즉 경제 구조와 도시 정책 변화를 분석한다. 다음으로 이에 관한 인문·사회 담론과 같은 비물질적 조건을 살펴본다. 그리고 담론 형식으로 전파되는 도시 이미지가 어떻게 현실 경험과 결부되며 역사적 기억을 재구성하고 도시성을 구성하는지 살펴봄으로써 드라마 이미지의 정치적 작용을 고찰한다.

1) 상하이의 변화와 도시 감각 형성

① 상하이 도시 발전 계획과 물질 조건 변화

중국 도시 개발과 공간 재편을 정치·경제학 관점에서 봤을 때, 토지는 개혁개방과 시장화 과정에서 '사회주의 전민소유社會主義全民所有'에서 '상품'으로 전환했다. 1980년대 말부터 주택 개혁과 '상품 주택商品房' 시장이 활성화됐고, 이 과정에서 '분세제分稅制'[62] 시행에 따른 중앙정부와 지방정부의 토지 이용 권리가 분리됐다. 이에 따라 지방정부와 도시개발업자 사이에 "성장 지향적 연합pro-growth coalition"[63]이 형성되면서 세계 금융 자본 유입에 따른 부동산 시장의 외국인 직접 투자FDI 비중이 증가하고 부동산시장 버블이 형성됐다.

---

62   분세제 개혁은 여러 단계 재정 개혁의 일환으로 1994년부터 시행됐고, 중앙과 지방이 각각 보유하거나 공유하는 세금의 범위를 재설정했다. 그중 눈에 띄는 점은 부동산 관련 세금 대부분이 지방정부에 귀속됐다는 것이다. 원톄쥔, 김진공 역, 『백년의 급진: 중국의 현대를 성찰하다』, 돌베개, 2015; 원톄쥔, 김진공 역, 『여덟 번의 위기: 현대 중국의 경험과 도전, 1949~2009』, 돌베개, 2016.

63   한지은, 『도시와 장소 기억』, 서울대학교출판문화원, 2015, 126쪽 재인용.

도시 재개발 붐이 일어나자 1950~1960년대 사회주의 시기의 주요 거주 공간인 '노동자 신촌'과 같은 생활공간이 급속히 쇠락하며 공간이 재편됐다. 이 과정에서 노동 단위單位는 국유 토지의 주 사용자로서 토지를 빠른 속도로 민영화했으며, 토지 임대를 통해 지방정부와 함께 도시 지역 개발의 새로운 참여자로 등장했다. 상품 주택 공급을 위주로 거주 공간이 대폭 확대되고, 곳곳에서 도시 재생이 진행됐다.[64] 사회주의 공공 공간인 광장과 집회장이 축소되고, 주거 건물을 중심으로 쇼핑센터, 식당, 학교, 은행, 피트니스클럽, 각종 문화 시설이 생겨났다. 여기에 교통 간선과 지하철역이 배치되고, 생산과 거주의 결합이 긴밀했던 경공업 중심의 도시 공간이 거주와 소비 공간이 긴밀하게 중첩된 서비스업 중심 도시 공간으로 재편됐다.[65]

시장자본주의를 주도하는 중국의 정치·경제적 담론에 의해 상하이의 물질적 공간 재현은 1990년대부터 전략적으로 추진됐다. 1980년대 상하이 경제구上海經濟區 설립을 추진했으나, 행정상 문제

---

64   다른 한편으로 상하이 곳곳에서 대대적 도심 재생이 진행되고 있다. 쑤저우허蘇州河 부근 방직공장 구역은 높은 층간과 개방적인 공간loft을 그대로 살려 갤러리와 각종 문화 공간으로 활용하는 등 문화 지구로 탈바꿈했다. 이 과정에서 형성된 경관은 도심 개발 정책과 자본, 문화적 요소의 상호작용으로 인한 것이다. 신텐디新天地, 톈즈팡田子坊, 홍팡紅坊, 모간산루莫干山路 등의 경관은 모던하면서 감각적인 소비 성향을 반영하며, 자본의 문화 통합 기제를 보여 준다.

65   왕샤오밍, 김명희 외 역, 「상하이의 새로운 '산위일체': 부동산 시장을 중심으로」, 『가까이 살피고 멀리 바라보기—왕샤오밍 문화연구』, 문화과학사, 2015, 141쪽.

와 조직 능력 미비로 1986년에 중단됐다. 그 후 1992년 푸둥신구 계획浦東新區總體計劃을 다시 수립하고, '상하이 경제권'을 중심으로 주변 도시와 경제적 협력 관계를 구축하면서 경제적 규모를 확대하기 시작했다. 1990년대 상하이 푸둥 개발에는 주변 도시와 동쪽 연안 지역의 발전 시대를 이끌어가려는 국가의 전략적 의미가 포함되어 있다. 도심과 외곽을 잇는 교통이 확충되고, 금융 중심구, 과학기술 중심구, 현대 제조업과 수출입 공업구, 국제 무역과 물류 중심구, 전시 전람 여행구, 소비문화 관광구 등[66] 특화 계획 구역이 선정됨으로써 인구가 늘고 도시 외연이 확대됐으며, 현재까지도 과밀화된 도시 팽창이 진행되고 있다.

② 〈달팽이집〉: 현실 공간 상하이의 일상적 감각과 '집'의 의미

1980년대 말부터 정치·경제의 물질적 조건이 전환함에 따라 도시 재정을 충당하는 주요 수단으로 토지 시장화와 주택 상품화가 추진됐다. 특히 1990년대 정부의 주택 실물 분배가 더는 이루어지지 않아 시민들이 거주 안정을 위해 주택을 구입할 수밖에

---

66 국가가 경제 건설과 시장주의 발전을 위한 대표적 기획으로 상하이 푸둥 개발에 박차를 가하면서 상하이시 정부는 이에 대한 10가지 개발 항목을 제시했다. 이것이 바로 "한 개의 축, 세 개의 지대, 여섯 개의 구—軸三帶六區"다. 즉 훙차오공항과 푸둥국제공항에 이르는 상하이 도시를 하나의 축으로, 루자주이陸家嘴 금융 무역구 중심의 황푸강 일대, 푸둥국제공항 일대, 장강3교(金橋, 外高橋, 孫橋) 일대 등 6개 특성화 구의 개발이다. 曾軍, 「90年代以來上海都市空間意識的變遷」, 『중국현대문학』 제39호, 2006, 435쪽.

없었다. 분세제 추진 이후 주택 시장에서 형성된 자본은 지방정부의 주요 수입원이었을 뿐 아니라, 성장과 발전 중심의 지방정부가 토지 경영 권한을 갖고 이권에 적극적으로 개입하며 "기업가주의적 기구" 성격이 강화됐다.[67] 특히 중앙정부에서 지방의 시와 구 단위로 관리와 권한이 이양되면서 상하이 시정부와 구정부가 '도심 재개발 사업' 결정권을 얻어 관료 엘리트와 부동산 개발업자 사이에 결탁과 공조가 이뤄졌다.

2009년에 방영된 드라마 〈달팽이집〉에서는 중소 도시 출신의 두 자매가 상하이에서 화이트칼라로 일하면서 생존 기반을 마련하기 위해 노력하는 모습이 '집房'을 중심으로 펼쳐진다. 이 과정에서 시 공무원과 부동산 개발업자의 비밀 공조, 부정 축재로 인한 집값 폭등, 개발 지역 원주민과의 갈등, 불공정 거래, 폭력의 배후가 드러난다. 드라마는 중국 전역의 부동산 개발 과정에서 일어나는 현실을 조망하면서 내 집 마련을 위한 노력이 생존을 위한 일상이 되어 버렸음을 보여 준다.

주택 구매는 도시민에게 거주와 일상의 삶을 위한 유일한 선택이자 미래를 계획할 수 있는 최소한의 출발선이다. 2000년대 이후 폭증하는 아파트 광고에서 볼 수 있듯이, 생존의 필수품인 '집'

67　한지은, 『도시와 장소기억― 근대 역사 경관의 노스탤지어를 이용한 상하이의 도심재생』, 서울대학교출판사, 2014, 125쪽.

은 단순한 물적 공간을 넘어 삶의 가치와 생활에 대한 상상이 결부된 특별한 공간이 되었다. 주인공 두 자매가 겨우 몸을 뉠 수 있는 단칸방 '달팽이 집'에서 벗어나려면 우연한 기회에 일확천금을 얻거나 양심과 돈을 '교환'하는 도전을 감행해야 한다. 주인공 하이자오는 언니 하이핑의 주택 부채 상환을 위해 자신의 젊음을 상하이 공무원 관료의 돈과 맞바꾼다. 하이핑은 동생의 행위가 부도덕한 줄 알면서도 묵인하고, 오히려 이를 발판으로 큰 부를 이룬다. 그리고 결국 정신적 파탄에 이른 동생을 외국으로 보내 성공과 행복의 미래에 걸림돌이 되는 어두운 양심을 외면한다. '집'은 교환 가치로서의 '상품'이자 소유의 욕망이 투사된 물신화 대상이며, 이 과정에서 도시인의 도덕적 자아는 분열과 파탄을 경험한다. 두 자매는 도시인의 분열된 도덕적 자아의 현현顯現이며, 그 중심에는 자본에 의한 공간 사유화私有化, 즉 토지 개발과 부동산시장이 추동하는 물질적 조건 변화가 있다.

드라마 이미지를 통해 구성되는 집의 상품화와 주택 시장의 생리, 그리고 이에 대응하는 도시인의 영악함은 일상생활에서 체험하는 도시 감각을 만들어 낸다. 이 드라마는 대도시라는 현실 공간에서 일어나는 물질적 조건 변화와 이에 따른 일상생활의 감각을 읽어 줌으로써 집단이 한 장소를 바라보는 방식인 담론 체계를 형성한다.

2) 상하이 경관의 비물질적 조건과 역사적 기억의 생산 방식

① 비물질적 조건과 상하이 노스탤지어

제국주의와 식민주의하에서 현대성의 모순이 내재한 경관, 중국 사회주의 시기를 맞이해 홍색서사를 입힌 도시 공간, 개혁개방 아래 미래 전략인 도시 재건에 다시 소환된 1920~1930년대 노스탤지어 공간에 이르기까지 상하이의 도시 공간은 중국의 국가 경영과 도시 발전 전략에 따라 시대별로 다른 경관을 가진다. 도시 공간의 경관이 포함하는 일종의 암시는 정치·경제적 체제 변화를 효과적으로 가늠하는 문화적 현상이다. 또한 이 현상은 도시인의 일상생활과 이미지, 감각, 역사와 결부하면서 도시의 기억을 만든다. 앞서 언급한 정치·경제적 체제 변화가 물질적 조건의 변화라면, 이에 따른 문화적 현상은 비물질적 조건의 변화라고 할 수 있다. 비물질적 조건 변화는 물적 감각으로 체감되는 기억을 만들며, 상하이만의 독특한 도시성을 형성한다.

상하이에서 발전과 개발 담론이 한창일 즈음 과거 상하이에 대한 이미지와 기억이 다시 상기되면서 사회 전반에 '상하이 노스탤지어' 열풍이 일었다. 1920~1930년대 올드 상하이에 대한 기억이 1990년대 초반부터 현재까지 다양한 방식으로 소비되면서 '대상하이大上海', '동방의 파리', '마도摩都', '지옥 위에 지어진 천당'[68], '십리양장十里洋場' 등과 같은 옛 수사와 담론이 다시 유행했다. 강압적 개항을 통해 열강의 여러 조계를 중심으로 1920~1930년대 번영을 구가한 상하이는 식민주의와 근대성이 점철된 "국중지국國中之國"이었으며, 혼란과 치욕의 역사에 핀 "자본주의의 기이한 꽃"이었다. 당시 상하이를 찾는 사람들은 신문물에 의한 물질적 기반에 매료됐고, 이는 강제적 방식보다 더 깊고 강력하게 일상생활 영역에 침투하면서 도시의 기억과 도시성을 형성했다.

당시 상하이를 '동방(중국)의 파리'로 비유했는데, 이는 에드워드 사이드의 '상상된 지리' 개념을 떠올리게 한다. 상하이는 당시 서양인과 외부인에게 지리적으로 '동방의 도시', 즉 서구의 타자로 소환됐고, 도시의 특징은 파리로 환유됐다. 파리는 19세기 벤야민과 보들레르의 기록에 보이듯이 근대성과 도시화, 도시 생활을 의미하는 일종의 환유어metonym로, 상하이의 도시화와 번영을 떠올리게 한다. 중국 내 여느 도시 입장에서 보면, 상하이는 서구에 의한 강제적 근대화의 길을 걸었기에 '향토 중국'과는 다른 이질적 타자이지만, 낙후된 지역에 비해 번영을 구가하는 경제적으로 우월한 지역이다. '동방의 파리'라는 수사에는 서양 열강과 피

---

68   무스잉穆時英의 대표작 『상하이 폭스트롯上海的狐步舞』(1932)에서 상하이를 묘사하는 표현으로 사용됐다.

식민 혹은 반식민의 중국, 현대와 낙후, 화계와 조계 등 다양한 관계와 이중적이고도 모순된 위계가 중첩되어 있다.

일본의 대중작가 무라마츠 쇼후村松梢風의 『마도魔都』(1924)에서 비롯된 '마도'라는 상하이의 별칭 역시 1990년대 이후 번영하는 국제도시의 면모, 극심한 빈부 격차와 다양한 사회 문제를 가진 상하이를 묘사하는 데 재사용됐다. 무라마츠 쇼후가 "온갖 나라 사람들이 혼연히 잡거하고, 문명의 화려함과 처참한 하류 생활이 공존"하며, 이를 두고 "천국임과 동시에 지옥과 같은 도시"[69]라 표현한 것처럼, 뤄빙지駱兵基의 1938년 작품 『대상하이의 1일大上海的一日』에서도 반식민지로 전락한 윤함구에서의 화계와 조계의 선명한 대비, 다양한 인물 군상을 관찰할 수 있다. "대상하이"라는 수사는 1927년 국민당이 전국적으로 정권을 확립한 뒤 상하이를 특별시로 선포하며,[70] 조계와 화계의 발전 속도를 좁히고 전반적인 현대화를 실현하기 위해 1929년 중국 최초로 총체적이고 전면

---

69 이수열, 「근대 일본작가의 상해체험–문화접촉과 탈경계적 상상력」, 『해항도시문화교섭학』 제2호, 2010, 3쪽.

70 1927년 7월 7일 상하이특별시 선언회장에서의 장제스 발언에서 상하이의 국내외적 입지와 위상을 엿볼 수 있다. "상하이시의 위치는 다른 보통의 도시와는 비교할 수 없는 동아시아 제일의 특별한 도시이며, 군사·경제·교통 등 각종 문제를 불문하고 다른 도시의 모범과 기준이 되어야 하며… 중외에 외관으로도 중요하므로 도시를 완벽하게 건설하지 않으면 안 된다. (이하 생략)" 발언문은 兪世恩, 「1929年"大上海計劃"的特點及其失敗原因初探」, 『歷史敎學問題』, 2014年第3期에서 "國民政府代表蔣總司令訓詞"(〈申報〉 1927.7.8) 발췌 재인용.

적인 도시 계획大上海計劃을 발표하면서 사용됐다.[71] 쩡쥔曾軍에 따르면, 1990년대 이래 '대상하이'라는 말은 국제적 면모로 부상하는 위상에 대한 자신감의 표현이며, 규모적 팽창과 발전의 상징으로 재소환됐다.

올드 상하이가 식민주의하의 근대성 속에서 번영을 구가했듯이, 지금의 상하이 역시 중국 내 정치 전략과 경제 구조 변화라는 특이한 배경 아래 급속하게 발전했다는 유사성이 있다. 상하이 노스탤지어는 물질적 감각으로 각인된 식민성, 제국주의, 자본주의 등 상하이가 가진 온갖 모순의 현대성 감각 그 자체이며, 1990년대 이후 각종 상품 브랜드로 물화된 글로벌 자본주의와 국제 자본이 점령하는 거리에 소환된 옛 상하이의 도시 감각이다. 지금도 상하이 도시 확장은 진행 중이며, 물질적 번영과 끝없이 몰려드는 다국적 문화로 도시 경관 또한 부단히 변화하고 있다. 끊임없이 생성되는 공간과 소멸하는 공간이 교차하고, 새것이 옛것을 대체할 때, 존재하지만 존재하지 않는 기억으로 전환되는 것은 아마도 옛 상하이와 현재의 상하이가 공통으로 가진 도시 감각일 것이다. 쇠퇴한 예술 작품에서만 그 아우라를 인식할 수 있듯이,[72] 올드 상하이에 대한 기억과 소비는 이제 현존하지 않는 도

---

71   俞世恩, 「1929年"大上海計劃"的特點及其失敗原因初探」, 『歷史敎學問題』, 2014年第3期, 117쪽.

72   발터 벤야민, 심철민 역, 『기술적 복제시대의 예술작품』, 도서출판b, 2017.

시가 가졌던 유일무이한 '아우라'에 대한 갈망과 상상이자, 상하이의 물질적 감각 그 자체라고 할 수 있다.

② 〈위장자〉: 항일 역사 중심지로 소환된 부르주아 도시

이미지의 주요 목적은 그것이 의도한 바를 사람들이 연상할 수 있도록 하는 것이다. 도시 공간에 사용되는 이미지는 장소와 시간을 엮는 과정이자 역사적 기억마저도 재구성할 수 있는 사회적 재생산 과정 중 하나다. 도시 공간에 정치적 이미지를 적용함으로써 이데올로기를 현전하는 것은 중국 건국 이후 상하이에서 자주 볼 수 있었다. 그 예로, 20세기 초까지 '동방의 파리'라 불린 근대 도시 상하이는 사회주의 체제 성립 후 다양한 이미지를 동원하며 제국주의와 중국인 착취의 공간에서 사회주의 이데올로기 성지로 탈바꿈하는 작업을 시작했다. 와이탄外灘과 난징루南京路 등 상하이의 상징 공간은 문화대혁명이라는 격동의 시기를 거치면서 외국어 간판을 일소하고, '홍해양紅海洋'처럼 강렬하고 붉은 색채 및 마오쩌둥 어록과 이미지를 채움으로써 사회주의적 경관으로 이용됐다. 제국주의와 식민주의, 그리고 자본주의의 해로움으로 점철됐던 상하이 도시 공간이 사회주의 체제의 공간으로 새롭게 구성된 것이다. 이데올로기가 반영된 공간은 도시민의 경험과 기억을 각색한다.

상하이는 시장체제의 효용과 발전 담론의 성과를 보여 주는 도시로 거듭나면서 새로운 경관을 형성했다. 그 가운데 상하이 노스탤지어 풍은 시장체제의 소비적 실천의 하나로 이용됐다. 상하이 노스탤지어 풍의 도시 이미지는 당대 주류 이데올로기가 의도한 대로 대도시적 면모, 부유와 풍요, 현대적인 것과 국제적인 것 등의 미학적인 요소들을 가미해 현대적 도시의 아우라를 제공했다. 그러나 다른 한편으로는 주류 이데올로기에 의해 역사적 기억을 새롭게 구성하는 데에도 효과적으로 동원된다. 대표적인 예로, 드라마 〈위장자〉의 시대적 배경 설정을 들 수 있다. 주선율 드라마가 배경으로 대개 내륙 항전과 혁명 역사를 간직한 도시를 설정하는 데 반해, 이 드라마는 이례적으로 항일전쟁과 혁명의 주요 무대로 1930년대의 상하이를 설정했다. 카페, 호텔, 백화점, 무도회장, 네온사인의 거리 등 서구 부르주아 문명의 상하이를 배경으로 드라마 주인공 모두가 당시 민족자산가계급인 상류사회 인사들이다. 주인공 부르주아 청년은 일본 정부와 긴밀한 관계를 유지하며 공산당 비밀 요원으로 활약함으로써 항일구국의 핵심 세력으로 성장하고, '고도孤島' 혹은 조계租界였던 공간은 항일운동이 활발했던 근거지로 복원됐다. 1930년대 상하이는 자본주의의 병폐로 물든 곳이 아닌 지하 공산당원들의 주요 활동 무대로서 항일구국 활약과 사회주의혁명을 배태한 역사적 공간으로 거듭난다.

이 드라마는 화려한 자본주의 도시 상하이의 특정 시기와 공간에 대한 기억을 사회주의혁명 공간이라는 상징적 이미지로 재구성하며 부단히 강화한다. 건국 시기 홍색서사와 그 이미지로 점철되어 잊힌 조계 시절 상하이의 모습이 노스탤지어로 소환되면서 드라마를 통해 과거 기억을 재구성한다. 사회주의 시기에 제국주의 · 식민주의 기억의 탈각[73]을 겪고, 개혁개방 이후 자본주의적 전망과 연결된 상하이 노스탤지어는 다시 항일전쟁의 역사에 합류하며 항일투쟁의 새로운 신화를 간직한 도시 경관으로 탈바꿈한다.

1920~1930년대의 상하이 시대 풍은 '시장경제 번영의 원류' 혹은 '문명 도시의 원형' 등의 수사로 도시 문화 캠페인과 공익광고에 자주 등장한다. 이는 상하이의 도시 경관과 이미지를 구성하는 다양한 층위 가운데 현대 도시 문명과 경제 발전이라는 주류 이데올로기 담론을 뒷받침할 이미지 수사로 많이 이용됐다. 그러나 시진핑 1인 체제 공고화에 따른 정치적 분위기 변화는 경제·문화 발전 담론을 정치적 담론으로 수렴하려 하며, 이는 대중문화 영역에서 민족주의를 바탕으로 하는 애국주의 강화로 드러나기도 한다. 이러한 분위기에서 '번영의 원류'이자 '문명 도시 원형'의 이미지를 가진 상하이 노스탤지어 풍은 주류 이데올로기 강

73　박지영, 「상하이 노스탤지어 — 중국 대도시 문화현상 사례아 관련 담론 분석」, 『현대중국문학』 30, 2004, 99쪽.

화에 강렬한 역사적 기억의 서사를 동반하며 대중문화 영역에 재등장했다.

상하이 노스탤지어는 권력, 정책, 역사와 기억, 인문학적 전통·지식, 상하이의 지리적·경제적 위치와 짜임들이 상하이라는 도시성으로 응축되게 하는 특정한 방식이자 새로운 기억의 생산 방식이다. 드라마 〈위장자〉에서 항일 역사 중심지로 재소환된 올드 상하이의 이미지와 그것이 포함하는 공간에 대한 상상적 재현은 정치·경제적 권력관계가 뒤얽힌 미디어의 이데올로기적 경관임을 보여 준다.[74]

3) 통치성과 도시성의 형성

① 보여 주기와 감추기: 포스트 계급사회의 중산계층과 '신빈민'

드라마 〈환락송〉은 중산계층을 대표적인 도시 중심 계층으로 상정하며, 계층 간 화합과 화해라는 중심 줄거리를 통해 사회 통합적 이미지로 구축한다. 상하이 쑤저우허 부근 '환락송' 아파트의 같은 층에 모여 사는 다섯 주인공은 각각 중산계층(중상, 중중, 중하)[75]을 대표한다. 2201호에 거주하는 상하이 대부호의 딸 취샤

---

74   마이크 크랭·나이절 스프리트, 최병두 역, 「에드워드 사이드의 상상적 지리」, 『공간적 사유』, 에코리브르, 2013, 558쪽.

75   리춘링은 10대 계층을 노동, 권위 등급, 생산관계, 제도적 위치, 점유 자원이라는 다섯

오샤오는 소비와 취향에서 '상하이인'[76]을 표상하며, 중산계층 중에서도 상층이다. 2202호에 사는 앤디는 미국에서 공부한, 투자사의 최고 재무책임자로, 중산계층 가운데 중층이다. 2203호 거주자 판성메이, 츄잉잉, 관쥐얼은 각기 농촌과 소도시에서 유입된 화이트칼라 혹은 임금노동자로, 중산계층 중 중하층이다.

드라마는 상하이의 장소를 재현해 도시의 가시적 형태와 라이프스타일을 세밀하게 묘사한다는 점에서 매우 실제적이지만, 서로 다른 계층이 한 장소에서 갈등을 겪으며 이를 해결해가는 과정을 그린다는 점에서 가상적이다. 이러한 갈등 구조는 그 본질을 결정하는 관계를 포함하지만, 풍부하고 자율적인 생활 세계를 소비 층위, 욕망 실현 등으로 왜곡하고 축소하며, 정치·경제적 층위가 갖는 관계를 고의로 은닉한다. 〈환락송〉에서는 계층 간 화합은 있지만 계급투쟁이 없으며, 분투와 노력의 대가로 도시의 삶을 보여 주지만 도시를 지탱하는 농촌 현실은 보여 주지 않는

지표로 나눈다. 드라마 주인공의 계층 분류는 리춘링의 10대 계층 분류를 따랐다. 李春玲, 『斷裂與碎片 : 當代中國社會階層分化實證分析』, 北京 : 社會科學文獻出版社, 2005, 112쪽.

76 〈환락송〉의 주인공은 상하이에서 살아가는 상하이 '도시인'이다. 다섯 주인공 중 상하이 토박이 출신을 제외한 나머지는 중소 주변 도시에서 온 외지인이다. 상하이는 외지인 비율이 현지인 비율을 초과하는데, 외지에서 유입된 인구는 장기간 안정적 생활 기반을 통해 상하이 호적戶籍을 얻더라도 '상하이인上海人'과 구별되는 '신상하이인新上海人'이다. 상하이인과 신상하이인 사이에는 현지—타지 구별 속에 잠재하는 사회문화적·계층적 차이가 있다.

다. 또 도시를 대표하는 중산계층의 생활방식과 삶을 그리지만, 외지에서 도시로 유입된 인구 대부분이 신노동자新工人라고 불리며 저층의 삶을 산다는 사실은 보여 주지 않는다. 이는 중국이 '포스트 계급사회'로 전환한 이후 계급 담론보다 계층 담론을, 모순과 갈등 국면보다 조정과 화합의 봉합을 중시한다는 점에서 도시와 사회에 대한 상상을 제공한다.

중국은 건국 초기 주권적 위치에 노동자와 농민을 배치했지만, 이후 당대 사회 구조를 새롭게 조직하는 과정에서 계급 정치 담론이 더 이상 실효성을 발휘하지 못했다. 이에 19~20세기에 활발했던 계급투쟁의 정치와 다르다는 것을 구분하기 위해 '포스트 계급사회後階級事會'라는 용어가 등장했다.[77] 노동가치 중심 사회에서 자본가치 중심 사회로의 전환 과정에서 계급 정치 담론을 투쟁과 폭력이라는 부정적 이미지로 떠올리게 되면서[78] 점차 사회 분화에 대한 계층 담론이 이를 대체했다. 그렇다고 해서 포스트 계급사회의 계급 분화와 계급 현상이 완전히 소멸한 것은 아니며, 사회 분화에 따른 계급 정치 약화라고 봐야 할 것이다. 중국의 한 분석 결과, 중국인들은 사회 분화가 단일한 양극 분화의 추세로 진행되며, 경제 수입과 권력이라는 두 가지 요소 때문에 가

---

77   汪暉, 「兩種新窮人及其未來─階級政治的衰落、再形成與新窮人的尊嚴政治」, 『開放時代』, 2014年 6月, 50쪽.

78   李友梅·孫立平, 『當代中國社會分層 : 理論與實證』, 社會科學院出版社, 2006, 103쪽.

속화한다고 여기는 것으로 나타났다.[79] 이에 따라 사회 양극화에 대한 갈등과 모순이 심화하는 한편, 샤오캉사회 담론과 이를 뒷받침하는 개발주의가 중산계층을 확대하고 중산 사회에 대한 상상을 제공했다.

당대 사회의 중산계층은 양극화된 인구 가운데 위치하면서 사회 질서와 체제 유지를 위한 완충 지대를 담당한다. 또한 소비 사회의 중산계층은 자본과 상품에 대한 소비의 자유가 있으며, 사회 전체 구조와 질서를 유지하는 한에서 비판의 자유가 있다. 중국의 중산계층은 지배 사회 이데올로기에 의해 체제 합법성을 증명하는 거대한 "만족스러운 전체"로 기획됐다.[80] 이러한 정책적 경향은 미디어 이미지를 통해서도 양극이 좁고 중간층이 두터운 사회 구조에 대한 기대감을 증폭했다.

중국 도시 중산계층의 운명과 노동은 이른바 사회주의에서 포스트사회주의로 전환하는 과정에서 과도적 역할을 하며, "불안정한 소비 집단" 혹은 개인의 권리와 정치 변혁에 민감하나 자본주

---

79   李友梅·孫立平, 『當代中國社會分層 : 理論與實證』, 社會科學院出版社, 2006, 93쪽.

80   2002년 11월 11일 공산당 제16차 대표대회에서 당시 총서기 장쩌민이 '중간 소득 집단의 배율을 확대'할 것을 명확히 제기했다. 또한 2011년부터 추진된 제12차 5개년 계획(2011~2015)에는 중산계급 육성을 위한 "提低, 擴中, 調高(저층을 끌어올리고, 중간층을 확대하며, 상층을 조정한다)" 정책이 포함됐다. 중국 사회는 개발과 발전 담론 강화에 따른 사회 양극화와 모순 갈등 완화를 위해 중산계급을 정책적으로 육성하고 확대하는 정책을 추진했다. 김옥, 『중산사회: 중국의 계층분화와 중산계급의 형성』, 역락, 2015, 21쪽, 26쪽.

의적 정동에 의해 철저히 훼멸된 노동자계급으로 전락했다.[81] 그 래서 소비 사회에서 이들은 소비 결핍 상황에 처해 있으며, 부자 를 보편적으로 선망하는 상대적 빈곤자인 뉴푸어the new poor, 즉 신 빈민新窮人이다. 이들은 생활 문화적인 것을 결정하는 물질적·정신 적 요소를 자본가계급의 그것과 공유하면서도 사회주의 국가의 역사적 유산으로부터 단절된 도시의 신노동자와 경제체제의 기 본 가치관에서 근본적으로 충돌하지 않는다. 그러나 신빈민과 신 노동자는 계급의식을 공유하지 않을뿐더러 각각 다른 세상에서 표류한다. 이 드라마에서 신노동자의 생활과 모습은 철저히 배제 되어 있다. 서로 다른 계급의 단결이 20세기 보편적 사회동원 방 식이었지만, 21세기 중국에서는 이 두 층위가 서로 단절되어 있 다. 신빈민의 생활은 소비에 대한 갈망과 자본주의적 정동에 기 반하며, 신노동자의 노동법과 사회보장 등 권익 보호 의식이 성 장하고 있으나 그렇다고 해서 계급의식이 성장했다고 단정하는 어렵기 때문이다.

계급의식은 소비주의의 문화적 분위기 속에서 연기처럼 사라졌 다. 수많은 신노동자의 꿈과 정치적 추구는 결국 도시 신빈민의 꿈에 수렴되며, 신빈민은 중산층 담론과 상상에 안주한다. 도시

81　지그문트 바우만, 이수영 역, 『새로운 빈곤: 노동, 소비주의 그리고 뉴푸어』, 천지인, 2012, 45쪽.

공간에 대한 이미지 재현은 도시의 꿈과 현대적 생활방식에 대한 선망을 드러내지만, 내부적으로는 중산 사회를 꿈꾸게 한다.

② 〈환락송〉: 도시의 환락과 욕망의 통치성

도시성이란 무엇이며, 어떻게 읽을 수 있는가? 도시에 존재하는 다양하고 불균등한 계급이 만드는 모순과 사회 문제를 도시성으로 이해해야 하는가, 아니면 생산과 소비, 그리고 재생산을 중심으로 하는 물질생활 기반과 사고방식이 '도시'라는 공간 형식을 통해 현현된 것으로 파악해야 하는가? 르페브르는 도시성이 밀집된 인구와 건축 환경의 확장뿐 아니라, 사고방식과 생활방식 자체의 도시적 전환이라고 언급한 바 있다.[82] 그러나 이 주장은 도시 공간 자체가 생활양식을 결정지을 수 있다는 결정론적 입장에 한정되기 쉽다. 오히려 카스텔의 생각처럼 도시는 많은 사람이 살아가는 중심 공간이지만, 하나의 전형성이나 혹은 그 자체만으로 정의할 수 없는 경제, 정치, 사회, 역사, 이데올로기 등 다양한 요소를 포함한 "사회적 구조"로 파악해야 한다.[83] 그렇기에 도시성은 당대 사회의 지배 담론과 이데올로기가 경제적·정치적·사회문화적 환경에 특화된 도시라는 공간에서 이에 투사된 당대

---

82   서영표, 「도시적인 것, 그리고 인권?-'도시에 대한 권리' 논의에 대한 비판적 개입」, 「마르크스주의 연구」 9(4), 2012, 71쪽 재인용.

83   위의 자료, 재인용.

사회의 문화 생산 기제로 파악해야 한다.

〈환락송〉에서 읽을 수 있는 도시성, 즉 당대 중국 사회의 문화 생산 기제는 무엇인가? 그것은 개인적 욕망의 방향성을 만드는 것이자, 행동 목적이 사회 질서를 유지하는 지배 이데올로기에 부합하도록 적절히 배치하려는 이른바 '통치성governmentality' 개념과 밀접한 관련이 있다.[84] 이는 직접 지배를 통하지 않고서도 개인의 행동과 욕망에 관해 긍정적으로 인지시킬 수 있는 통치자의 '통치 테크놀로지'라고 할 수 있다.[85] 드라마 속 다섯 주인공이 보여 주는 이러한 통치 테크놀로지는 무엇인가? 그것은 바로 도시에서의 생존을 위해 스스로 가치 실현의 상품으로서 존재하는 것이다. 그들의 욕망과 동기, 그리고 모든 삶의 방식은 자신의 가치 실현과 그에 대한 증명으로 구성된다.

도시에서 누릴 수 있는 모든 환락은 물질적 기초에 기반한다. 성공과 안정의 물적 토대는 바로 '도시'에 있다. 이러한 물적 기반은 소비 행위에 집중되는데, 소비라는 실천적 행위를 통해 사회적 위상, 인간관계, 행복과 만족이라는 삶의 성취도를 결정짓는

---

84 '통치성'은 푸코의 개념으로 개인의 욕망과 그에 대한 행위들을 지배적 권위 아래 배치함으로써 개인의 삶을 통솔, 지도하고 책임지도록 하는 다양한 전술이다. 미셸 푸코, 심세광 외 역, 『안전, 영토, 인구—콜레주드프랑스 강의 1977~78』, 도서출판 난장, 2011, 147~151쪽.

85 위의 책, 117쪽.

다. 도시에서의 삶을 위해서는 소모적이고 경쟁적인 시스템에서 단련되고 성장해야 하며, 끊임없이 자신의 가치를 증명해야 한다. 제아무리 '푸얼다이富二代'[86]라 할지라도 기업가로서 혹독한 홀로서기와 신고식을 치러야 하며, 유능한 해외 유학파라 할지라도 회사를 위해 이윤을 창출하지 않으면 도시에서 단 하루도 살 수 없음을 끊임없이 상기한다. 지방 소도시에서 올라온 여성들은 상하이에서 안정된 직장과 가정, 집과 자동차로 대표되는 물질적 기반을 마련하기 위해 고군분투한다. 대기업 인턴 생활은 각종 지표와 수치로 점수 매겨지며, 치열한 경쟁에서 도태되지 않기 위해 소모적 노동을 기꺼이 감수한다. 직장 생활은 고되고 험난한 노동과 인간관계의 연속이며, 회사가 거부하면 언제든 퇴출을 각오해야 하는 불안정한 삶이다. 목적을 달성하기 위해, 도태되지 않기 위해, 생존을 위해 이들은 스스로 삶을 개척하고 경영하는 '경영자'이며, 끊임없이 자신의 가치 증식을 위해 노력하면서 그 가치로써 자신의 존재를 증명하려 한다. 이는 과도하게 범람하는 경영 담론을 삶의 영역으로 끌어들여 소비하는 현상으로, 도시에서의 생활양식을 재현하는 모든 실천과 관계의 구성이 경

---

86   2000년 이후 중국의 계층 분화와 고착화 현상이 뚜렷해지면서 빈부의 계층적 특징이 그들의 자식 세대까지 영향을 미친다는 계층론이 대두했다. 관료의 자녀 세대를 관얼다이官二代, 기업가와 대부호의 자녀 세대를 푸얼다이, 농민계층의 자녀 세대를 농얼다이農二代라 일컫는 등 부모 세대이 세려과 부, 사히저 지위가 자녀 세대의 미래를 결정하다는 풍자적 의미로 쓰인다.

제적 담론에 의해 결정되고 있음을 보여 준다.

상하이라는 자본주의의 거대한 성城에서 발생하는 도시의 각종 모순은 물질세계의 욕망 속으로 투신하는 청춘들의 수많은 땀과 노력, 눈물과 한숨을 먹고 자란다. 생존을 위한 삶, 보이지 않는 신분의 벽, 성공을 위한 도전과 실패…. 도시에서의 삶은 사랑마저도 부와 행복을 위한 전략에 배치해야 한다는 강박에 시달리게 한다. 여기서 우리는 일상을 압도하는 통치성의 테크놀로지, 즉 무한한 경쟁과 경영의 자유주의적 합리성이 사회문화적인 모든 것을 규정하는 가치 관념을 새롭게 조직하고 편성하고 있음을 목도한다.[87]

4) 일상생활의 기억과 이미지 이데올로기

상하이는 근대 이후 서양 침입이 가져온 자본주의 양식과 중국 전통 양식이 공존하는 곳이었으며, 사회주의 중국 성립 이후 지금에 이르기까지 그와 관련된 장소와 기억들이 새로운 정치체제 변화에 따라 제거 혹은 확대되거나 미디어에 의해 끊임없이 재구

---

87 서동진, 「혁신, 자율, 민주화…그리고 경영─신자유주의 비판 기획으로서 푸코의 통치 성 분석」, 『경제와 사회』, 2011, 83~84쪽. 서동진은 이러한 경영 담론의 지배를 나이절 스리프트의 용어를 빌어 새로운 '자본의 문화적 회로cultural circuit of capital'의 압도라 고 표현한다.

성되는 '이데올로기의 각축장'이다.

미디어의 이데올로기는 이미지를 통해 인지적 공간을 생산하고 끊임없이 그 공간을 재구성한다. 이미지는 물리적 공간의 단순한 반영反影이나 기록이 아닌 기호와 상징체계로 이뤄지는 독해 가능한 텍스트이며, 이미지가 구성하는 인지적 공간 역시 기호화된 사건과 행위의 새김이기 때문에 세계를 생산하는 하나의 방식으로 읽을 수 있다. 이미지에는 이데올로기적 편향이 내재되어 있다. 그렇기에 이미지가 구성하는 인지적 공간 역시 다분히 정치적이다. 드라마 미디어/이미지는 정부의 미래 전망, 공간에 대한 기억을 새롭게 구성하며, 이렇게 생산된 인지적 공간으로서 상상된 도시imagined city는 도시 정책과 구조 변화에 동반하는 모순과 마찰을 최소화하고, 현존하는 중국적 경제 질서에 중국인의 일상이 잘 녹아들어가도록 작동한다. 이 책에서 의미하는 도시 경관이란 재현된 주류 이데올로기이며, 이미지의 정치적 작용이란 미디어가 만드는 재현 체계이자 재구성된 인지적 공간을 의미한다.

도시라는 실재 공간은 일상생활 세계를 둘러싼 도시 담론의 공간, 미디어를 통한 물질적 재현 공간으로 구성되어 있다. 상하이라는 도시 이미지는 미디어를 통해 다양한 층위의 공간을 재현한다. 시민이 살아가는 일상의 공간, 국제 대도시로서의 번화함과 경제 중심지라는 상상적 체험의 공간, 그리고 역사와 기억이 재구성되는 정치적 공간이 바로 그것이다. 도시는 역사와 일상적 경험이 녹아든 총체이며, 거대한 기억의 저장고다.[88] 벤야민이『베를린 연대기』에서 어린 시절 기억을 통해 당시의 근대적 삶과 일상의 도시 경관을 재현한 것처럼, 과거의 도시 경관과 생활양식, 그리고 기억은 현재에도 지속되는 경험, 감각, 이미지에 의해 순간순간 드러난다. 도시는 "신화의 장소"이며,[89] 도시의 기억과 가치는 오래된 건축물과 도시 계획 담론, 국제도시의 초현대적 면모 위에 끊임없이 새로운 신화와 가치를 생산한다. 이 과정에서 수많은 담론과 이데올로기가 개입하며, 과거의 기억과 이미지가 현재적 관점에서 새롭게 소환되며 재구성되고, 미디어를 통해 여러 층위에서 상상적으로 재현된다. 중국 드라마를 통해 재현되는 도시와 도시 생활은 국가 정책과 이를 이미지에 반영하려는 이데올로기적 프레임을 통과하여 상상적으로 재구성된다. 특히 현대 도시를 배경으로 제작된 드라마는 도시 이미지를 통해 중산계층 확대라는 국가의 정책과 방향에 따라 물질적 풍요와 모던한 라이프스타일을 감각적으로 보여 준다. 도시 드라마는 노동자, 농민과 같은 사회의 다양한 주체를 다루기보다 중산계층을 주요 소재와 쟁점에 두고 이들의 이미지를 강조하고 부각함으로

---

88 김왕배, 『도시, 공간, 생활세계』, 한울, 2011, 53쪽.

89 위의 책, 53쪽.

써 일상과 현재적 경험, 도시 감각을 형성한다. 이렇게 형성된 도
시 상상은 도시에 거주하는 대다수가 중산층이라는 믿음을 심어
주거나, 이들의 물질적 풍요와 정치적 입장의 완곡함을 간접적으
로 체험하게 하고, 이러한 생활 방식이 중산층의 생활과 정치적
매너임을 넌지시 시사한다. 〈달팽이집〉은 도시 청년들의 내 집
마련 열풍과 부동산 문제를 시사하지만, 주인공은 농민공의 자녀
세대가 아닌 소도시 출신의 대학 교육을 받은 중층이었다. 〈환락
송〉은 도시 문제보다 화려한 도시 생활을 보여 주지만, 결국 등
장인물 사이에 어느 정도 차이는 있으나 중층 안에서 분화된 계
층의 스펙트럼을 나타낸다. 두 드라마만 놓고 보면, 6년이라는
시간 동안 도시 드라마가 도시 문제에 따른 청년들의 고민을 이
야기하기보다는 더욱 화려하고 시각적인 도시 이미지를 선전하
는 데 중점을 두고 있다. 게다가 도시에 존재하는 각종 시간제 근
로자, 농민공, 노동자 등의 소외 계층과 도심의 슬럼가 혹은 성
중촌城中村90의 거주자 이야기는 '도시 드라마'에서 더욱 보기 힘들
다. 중산층을 제외하고 도시의 다양한 계층과 주체는 현실에서도

---

90 중국의 빠른 도시 팽창과 인구 변화에 따른 도시 발전의 낙차를 보여 주는 지대로, 글
    자 뜻 그대로 도시 속 농촌이다. 도시의 주변부가 개발될 때 개발지 선정에서 누락되어
    낙후된 농촌 그대로의 모습을 유지하는 곳, 혹은 도시가 팽창하면서 주변 농촌과 맞닥
    뜨리게 된 경계 지대를 말한다. 이곳의 농촌 호적을 가진 사람이 도시 거주민居民으로
    전환됐으나, 해당 도시에 거주처를 찾지 못해 그곳에 그대로 눌러사는 경우도 많다. 즉
    성중촌은 도시 개발로 인해 인접 지역 농촌이 도시 속의 슬럼가로 변하는 지역을 일컫
    는다.

드라마에서도 소외됐다. 물론 농촌 소재 드라마는 별도의 장르로 제작되지만, 제작 수와 시청률에서 보더라도 '주류'라 할 수 있는 도시 드라마의 인기에 미치지 못한다. 도시 드라마는 도시민뿐 아니라 농촌과 시골 각지에 사는 모든 시청자의 사랑을 받으며 이른바 도시의 꿈과 낭만을 전파한다. 도시 이야기는 시청자들에게 꿈과 낭만의 이미지로 기억되고 이데올로기적으로 작용한다.

★

7. IP 고장극의 유행과 인터넷소설

1990년대 초 중국 최초의 실내극 방영 이후 중국 드라마는 제작 과정 현대화와 시장화를 바탕으로 물적 기반을 전환해 대중문화 전반에 새로운 전기를 맞이하고 활기를 띠기 시작했다.[91] 이에 앞서 대중은 1980년대 후반 천안문으로 표상되는 민주화 열망과 중앙정부의 폭압적 대응을 경험했으며, 실어 상태에 빠진 다양성의 목소리와 정치적 요구는 자본주의식 시장 팽창에 따른 생산, 유통 양식, 사회적 통제라는 모델 아래 동질화의 표층으로 분절됐다. 좌절된 욕망의 흐름은 대중문화 시장에 민간 자본 유입과 더불어 대중문화 상품에 대한 폭발적 수요와 소비로 드러났고, 미디어 기술과 문화산업은 영악하게 이를 포착해

91　梁君健·尹鴻, 「論幻想系列片中的"想像世界"」, 『當代電影』, 2017年02期, 126쪽.

욕망을 재배치하며 새로운 소통 체계를 만들었다.

1990년대 중반 인터넷 보급을 시작으로 미디어 융합과 기술을 통한 새로운 대중미디어 지형은 정치적·사회적 맥락에 의해 탈영토화한 대중의 욕망이 재결집해 재영토화하는 중요한 계기가 되었다. 중국의 거대 미디어 자본과 문화산업 시장은 착취 가능한 경제적 표면에 침투해 대중의 욕망을 포획하고, 다양한 예술적 창조 형식과 지적 기획들이 관통하는 노동을 사회적·제도적 공간과 이데올로기적 기호망에 통합하고 붙들어 놓음으로써 미디어 환경에서 'IP Intellectual Property 산업'이라 불리는 대중문화 생산의 새로운 산업 모델을 창출했다.

인터넷소설로부터 영화, 드라마, 도서, 온라인게임 등 무수히 많은 산업 연계를 통해 문화 파생상품을 생산하는 이 신흥 미디어산업은 참여, 놀이, 저항, 소비, 생산 등에 대한 대중의 욕망을 경제적 표면에 비끄러맬 수 있는 한에서 혁신과 팽창을 장려한다. 대중의 욕망은 연령, 성별, 계급 등을 포함한 문화 자본에 따라 미디어 기계 안에서 다양하게 분절·접합하면서 리좀 rhizome 처럼 증식한다. 인터넷 공간에서 대중大衆은 취향과 선호에 따라 '팬紛絲'이라는 이름의 '소중小衆'으로 분화하며 다양한 하위문화를 만든다. 독자 '팬'들은 하위문화를 중심으로 충성스러운 텍스트 선호와 집착을 만들었다. 이런 텍스트 선호도와 충성도는 'IP산업' 기획자들의 이목을 끌만했고, 이 '예측 가능한 선호 경향 pre-awareness'으로 보증된 경제적 효과를 노린 미디어 간 상호 연계가 이뤄졌다.[92] 최근 주목할 만한 것은 바로 인터넷소설을 기반으로 제작된 IP드라마의 인기 현상이다. 청년 세대의 다양한 취향이 반영된 하위문화가 인터넷 장르소설 붐을 만들었으며, 미디어 간 대중문화 산업의 연계가 이뤄지며 인터넷 장르소설이 고장극 장르의 원천 서사로 다양하게 변주됐다. 물론 IP드라마 중에서 고장극을 제외한 여러 장르의 드라마도 다수 제작되지만, 특히 고장극 중에서도 현환극의 인기는 특정 인터넷소설 장르에 대한 압도적 선호가 만들어 낸 하위문화의 대중적 범람이라 할 수 있다. 그렇기 때문에 IP드라마는 인터넷소설 및 문화산업 체계와 반드시 함께 논의할 수밖에 없다.

이 장에서는 최근 유행하는 IP드라마를 통해 인터넷 하위문화의 대중적 범람 현상을 설명하고, 문화산업이 대중의 욕망을 어떻게 포획하는지, 또 이렇게 포획된 대중의 욕망이 어떻게 스타일 자체에 대한 소비와 상상의 표층적 세계에 천착하는지 살펴볼 것이다. 먼저 IP드라마의 장르적 특성을 고찰한다. 그리고 인터넷 하위문화의 형성 기제를 분석함으로써 독자 팬(시청자)의 창조적 열정과 참여 욕망이 문화산업 구조에서 어떻게 포획되고 분절되는지 살펴본다. IP를 중심으로 발전하는 중국 문화산업에서 다양

---

92   위의 책, 126쪽.

한 취향 선호 집단이 생산하는 노동과 자본의 사회적 관계를 '비물질 노동' 혹은 '정동적 노동'이라는 개념으로 분석한다. 또한 이를 바탕으로 대중의 콘텐츠 소비 방식을 통해 그 욕망이 어떻게 자본과 산업에 포획되고, 데이터베이스식 소비의 욕망으로 분절되는지 살펴본다.

1) IP 고장극 장르의 생성과 발전

① 신편역사극 전통에서 IP 고장극으로

1949년 이후 중국에서 제작된 역사 드라마는 신편역사극新編歷史劇으로서 역사유물론에 기초해 중국 사회주의 현실을 반영해야 했기에 관방 이데올로기의 영향을 많이 받았다. 신편역사극에 연원을 둔 고장극은 정통사극과 고전극으로 나뉘어 발전했으며, 1990년대 이후 대중문화 시장 만개와 함께 정치적 요구와 시대정신에 오락성을 수렴하면서 장르적 특징을 발전시켜 왔다.

문화대혁명 이후 제4차 문학예술공작자대표대회第四次文代會에서는 문화대혁명 동안 4인방이 문화와 문학예술에 가한 폭압적 기준을 철회하고, 이를 역사적 교훈으로 삼아 새로운 방향을 설정했는데, 이른바 '문예민주文藝民主'에 대한 표방이다. 현대화와 경제 발전에 국가적 역량을 집중한 1980년대에 시장 역량 확대와 동시에 '민족 각성民族覺醒'과 '인간 의식 각성人的意識覺醒'이라는 새로운 의식이

싹트면서 개성을 추구하고 취향에 따른 독서와 문화의 소비가 생겨났다. 1980년대 중국 문예 영역에서 창작의 자유가 완화됐고, 상흔문학과 심근문학을 통해 시대의 아픔을 치유하고 문화적 뿌리를 찾으려는 노력이 시도됐다. 또 이런 분위기와 함께 1980년 내 말 페이사오퉁費孝通의 '중화민족 다원일체론'과 같은 담론 강화는 진융金庸 작품의 수용과 확산에 긍정적인 역할을 했다. 그의 작품은 텔레비전 고장극의 장르 발전에 지대한 영향을 미쳤다.

진융의 소설은 20세기 중후반 중국과 분리된 영국 지배하의 홍콩에서 창작됐다. 이는 1980년대와 1990년대 타이완이 정통 중국 문화 계승자로서의 정체성을 구축하며 미디어를 통해 중국 사회주의 경제 발전의 색채를 소거하고 원시적(낙후한) 이미지를 구축해 고전적 문화유산의 백과사전식 저장고로서 표현했던 것[93]과는 달리, 홍콩 화인들에게 중국 문화와 역사에 대한 뿌리 의식을 바탕으로 상상적 이미지와 정체성을 부여한 것이다. 그 뿌리 의식은 중국 고대사회의 '협, 의, 용'과 같은 가치 관념을 강조했고, 역사를 빌어 무협을 쓰는 형식으로 거대 서사를 표현함과 동시에 역사적 사건의 전복적 해석을 시도함으로써 중국 전통문화에 의거한 현대적 정신을 반영했다.[94] 이처럼 진융은 분명한 시대적 배

---

93   Shu-mei Shih, *Visuality and Identity: Sinophone Articulations across the Pacific,* University of California Press Berkeley and Los Angeles, California, 2007, 130쪽.

94   예를 들어, 진융은 『녹정기』에서 강희제의 치적을 긍정적으로 평가하며 한족 정권 중심

경을 바탕으로 무협이라는 가공의 이야기를 통해 강호를 혼란한 시대에 비유하고, 가상의 협객을 민족 위기를 평정하는 난세의 영웅이자 역사의 산증인으로 그리면서 시대정신과 민족정신을 담아냈다.

1990년대부터 진융의 작품은 신편역사극 전통과 텔레비전 드라마의 '엘리트 의식' 적용이라 불리는 담론하에 '주선율화主旋律化'를 거치면서 선별적으로 드라마로 제작되기 시작했다.[95] 역사 문화와 국가 의식 개편을 거치며 무협이 고장극의 중요한 요소로 활용됐으며, 고전극의 내용과 표현 형식에 상당한 영향을 미쳤다. 이 과정에서 역사적 배경과 공간이 주는 상상의 개입 가능성은 이데올로기를 반영하는 신편역사극 전통을 계승하기도 하지만, 더불어 현실 정치에 대한 완곡한 저항과 민간 정서를 표현하는 형식을 만들었다. 작품의 역사적 상상력 개입은 검열 과정에서 비교적 관대하게 허용됐고, 이로 인해 역사를 상상의 공간으로 차용하는 방식이 하나의 형식模式으로 고착화됐다.

의 기존 사관에 질타를 가했고, 올바른 정치가와 정치란 무엇인가에 대해 문제를 제기했다. 게다가『천룡팔부』를 비롯한 다량의 작품에서 수많은 소수 민족이 비중 있게 등장하는데, 이는 진융의 민족 사상을 반영한 것으로 평등과 민족 공영을 강조한 것이다. 또한『녹정기』,『소오강호』외에도 개인숭배와 문자옥을 풍자, 비판해 문화대혁명을 겪은 독자들에게 강렬한 울림과 반성을 전달했다. 劉淑娟,『20世紀80年代中國大陸對金庸小說的接收研究』, 西南大學碩士學位論文, 2013, 22~23쪽, 25쪽 요약 발췌.

95 余麗霞,『時代與電視媒介文化流變中的金庸武俠電視劇』, 南京師範大學碩士學位論文, 2007, 12쪽.

이후 인터넷 장르소설이 IP드라마의 원천 서사로 이용됨에 따라 IP 고장극 역시 제재와 소재를 인터넷 장르소설에서 가져왔다. 2000년대 초반 인터넷소설 사이트에서는 무협소설을 모방하는 '신무협소설新武俠小說'이 인기를 끌었고, 진융의 유교 문화적 전통과는 다른 환상적 요소를 많이 가미한 현환소설로 발전했다. 인터넷소설 사이트에는 현환소설의 비중이 압도적인데, 이는 무협을 보고 자란 세대의 창작 욕구가 이데올로기성에 대한 내용 검열과 역사 왜곡이라는 비판을 피하기 위해 비교적 자유로운 환상성을 채택하며 발전한 것으로 보인다. 무협은 인터넷 현환소설 장르 형성에 지대한 영향을 미쳤지만, 무협의 세계관 계승이 아닌 그 형식과 요소를 대량으로 차용했다고 봐야 한다. 현환소설은 방대한 작품이 마치 상품처럼 독자 취향에 맞춰 대량으로 생산된다. 타오둥펑陶東風은 무협소설의 주요 가치관이 권선징악과 정의로운 세계 지향이라는 비교적 안정적 세계관인 데 반해, 현환소설은 선인과 악인의 구분이 없고 요술과 술법의 대결을 통한 성장과 승리가 유희적 서사의 핵심[96]이라고 밝힌 바 있다. 현환소설『주선朱仙』을 드라마화한 〈청운지靑雲志〉의 모든 주인공은 법기(法器 혹은 法寶, 요술로 조작되는 무기)를 갖고 있으며, 도덕경, 역

---

96   陶東風, 「靑春文學、玄幻文學與盜墓文學―"80後寫作"畢要」, 『中國政法大學學報』, 2008年05期, 32쪽, 33~34쪽.

경, 산해경 등의 파편화된 경전 지식을 활용해 서사의 공백을 채운다. 주요 저자와 독자층이 온라인게임 세대인 80후, 90후인 점을 고려했을 때 현환소설은 차라리 무협의 형식과 요소를 차용한 캐릭터 운용과 게임적 서사에 더 가깝다.

또한 최근 IP 고장극 가운데 시공초월극, 궁투극, 선협극은 여성 작가와 독자를 중심으로 운영되는 진장넷晉江網의 인터넷소설을 기반으로 제작되어 높은 시청률을 기록했다. 시공초월극, 궁투극, 선협극은 가상의 역사에 고전의 환상적 요소를 가미한 애정·성장 서사 중심의 드라마다. 이처럼 IP 고장극은 역사를 상상의 공간으로 차용하는 방식과 환상적 색채의 단순 서사를 대량 반복 생산하는 방식, 즉 인터넷소설을 원작으로 채택하는 패턴으로 변화했다.

② 인터넷소설의 영향과 IP 고장극의 다양한 파생 장르

고장극(古裝劇, Costume Drama)은 크게 역사적 사실史實 재현을 중심으로 하는 역사정극과 역사와 전통 제재를 바탕으로 현대적 가치관과 상상력을 통해 재구성한 고전극古代劇으로 나뉜다. 고전극은 다시 고대전기古代傳奇, 고대신화古代神話, 무술과 액션古代武打 등 제재별 갈래로 나뉜다. 고전극은 1990년대 중반 홍콩과 타이완의 인물 사극에 영향을 받아 출현한 '희설역사극戲說歷史劇'을 시작으로 현대적 가치관을 반영한 풍자와 해학을 통해 역사적 사실과 인물

고사에 대한 개작을 그 원류로 삼는다.[97] 당시 희설역사극은 개혁 개방 이후 경제 발전에 따른 민생과 부패 문제, 민주화 열망에 대한 좌절을 겪은 후 1990년대 대중문화 영역에서 오락성 및 상업성 강조와 내용 검열 대응으로 탄생한 새로운 형식의 드라마 장르였다. 드라마 내용 검열에서 상대적으로 자유로운 해석과 상상력 개입이 허용된 역사와 전통 제재를 통해 패러디와 풍자, 해학과 유머를 중심으로 전통적 해석의 전복을 시도했으며, 신화, 전설, 민담, 야사, 무협 등 다양한 장르적 혼합을 도입했다.[98] 대표적인 예로, 진융의 무협소설 드라마 〈설산비고雪山飛狐〉(1991), 〈사조영웅전射雕英雄傳〉(1994), 〈신조협려神雕俠侶〉(1995), 〈소오강호笑傲江湖〉(1996), 〈녹정기鹿鼎記〉(1998) 등이 제작됐다.[99] 진융 시리즈는 오락 드라마 기능에 충실하면서도 사실의 역사적 배경을 바탕으로 한 허구의 인물과 강호의 이야기라는 전기적 특징을 통해 새로운 역사 해석을 제공했을 뿐 아니라, 무협 드라마라는 장르를 구축하며 통속성과 오락성을 갖춘 고전극의 전범典範을 탄생시켰다.

———

97   이승우·변귀남, 「중국 현대 고장희의 '희설' 연구」, 『동아인문학』 26호, 2013, 114쪽, 116쪽.

98   이에 해당하는 대표적 희설역사극으로 〈재상 유라과宰相劉羅鍋〉(1996), 〈강희황제 잠행기康熙微服私訪記〉(1997), 〈황제의 딸〉(1998), 〈명관 기효란鐵齒銅牙紀曉嵐〉(2000) 등이 있다.

99   余麗霞, 『時代與電視媒介文化流變中的金庸武俠電視劇』, 南京師範大學碩士學位論文, 2007, 34쪽.

그러나 소비와 오락성이 더 강화되는 2000년대 이후부터 고전극은 진융 드라마의 리메이크 시리즈를 비롯해 애정고사의 비중이 확대됐고, 무술 동작과 시각적 표현에서도 '천마행공天馬行空' 식의 개작 경향을 띠게 되었다.[100] 게다가 많은 고전극이 『서유기』, 『요재지이聊齋志異』와 같은 신마소설神魔小說 류의 제재를 취하며 상상의 세계가 영상이라는 형식과 결합하면서 드라마의 독특한 갈래를 형성했다. 고장극은 드라마 역사에서 연원이 오래된 장르다. 역사적 소재를 중심으로 상상을 통해 사실史實 공백을 채워 가공의 인물과 이야기를 만든 드라마부터 모호한 시대적 배경을 중심으로 자연 세계의 물리 법칙과 사회 법칙, 상식적 규범이 적용되지 않는 '가공의 세계'를 그린 드라마까지 고장극은 역사와 고전, 무협과 전설 등 다양한 요소를 아우른다.

이후 고장극의 장르적 특성은 인터넷소설 장르의 영향을 받으며 다양한 세부 장르를 형성했다. 2000년대 이후 인터넷 장르소설의 폭발적 성장은 다양한 미디어 산업 원천 콘텐츠의 거대한 저수지를 형성했으며, 곧 저작권산업이라는 대중문화 산업의 새로운 기제를 촉발했다. 최근 몇 년간 인터넷소설은 대중의 인기와 함께 양적·질적 성장을 거듭하며 드라마뿐 아니라 영화, 게

---

100 위의 자료, 38쪽. 대표적으로 〈설산비고〉(2000)와 〈의천도룡기倚天屠龍記〉(2019)를 들
    수 있다.

임, 애니메이션 등 다양한 미디어 산업의 원천 콘텐츠로 이용되고 있다. 2000년대 초반에서 2005년까지 역사적 지식과 환상을 바탕으로 '80후' 작가 중심의 '현환문학'과 '도굴문학盜墓文學'101이 인터넷 문학 장르의 주류를 이루며 번성했고, 초기 대표적 현환문학인 『심진기尋秦記』, 『주선』, 『소병전기小兵傳記』, 『나쁜 놈은 어떻게 만들어지는가壞蛋是怎麼煉成的』가 인기를 끌면서 이후 드라마와 영화로 만들어셨다. 특히 『심진기』는 무협소실의 서사적 특성과 현대적 과학지식 및 상상을 가미해 독특한 장르 서사의 전형을 창조했는데,102 이로부터 '시공초월穿越'의 서사가 발전해 나왔다. 대표적으로 〈보보경심步步驚心〉(2011), 〈궁쇄심옥宮鎖心玉〉(2011) 등 여주인공이 청대 황실로 시공초월해 황실의 권력투쟁 소용돌이 속에

101 　도굴문학은 현환문학과 함께 2000년대 중반 인터넷소설의 인기 장르를 형성했다. 대표작으로 약 200만 자에 달하는 장편소설 『귀취등鬼吹燈』이 있다. 이 작품은 도굴을 소재로 한 미스터리 탐험물로, '귀취등'은 도굴할 때 귀신이나 미스터리한 일이 나타나기 전에 등불이 꺼진다는 의미다. 2006년 연재 시작 이후 2008년까지 『도굴필기盜墓筆記』, 『도굴필기2盜墓筆記2』, 『도굴왕盜墓之王』, 『도굴자盜墓者』, 『묘결墓訣』, 『시솽반나의 좀비西雙版納銅甲屍』, 『마오산의 후예茅山後裔』 등 모두 8편의 작품이 발표되어 수백만 조회수를 기록했다. 이후 영화 〈귀취등의 용의 비급을 찾아서鬼吹燈之尋龍訣〉(2015), 웹드라마 〈귀취등의 고대도시鬼吹燈之精絕古城〉(21集, 2016년, 騰訊視頻 텅쉰 방영)로 제작돼 인기를 끌었으며, 만화와 류톈츠劉天池 감독의 무대극 〈귀취등鬼吹燈〉으로도 제작됐다. 이후 인터넷소설 지적재산권을 기반으로 다양한 엔터테인먼트 형식으로 파생됐다. 陶東風, 「靑春文學, 玄幻文學與盜墓文學—"80後寫作"擧要」, 『中國政法大學學報』, 2008年 05期, 27쪽.

102 　문현선, 「현환수설의 무협 장르적 성격—황이(黃易)의 〈심진기尋秦記〉를 중심으로」, 한국중국소설학회, 2015, 217쪽.

서 황자와 사랑을 이루는 드라마가 인기를 끌었고, 수많은 모방작이 일군을 이뤘다. 시공초월을 통한 역사 왜곡이 금지되자 상상의 역사를 서사의 중심에 배치하는 가공극架空劇이 등장했고, 이 역시 인터넷소설을 원작으로 제작됐다. 가공극에는 궁투극宮鬥劇과 권모극權謀劇이 있다. 궁투극은 기존의 역사적 배경에 여성 성장 서사를 중심으로 상상의 역사를 가미했으며, 대표작으로 〈미인심계美人心計〉(2010), 〈견환전甄環傳〉(2011), 〈미월전芈月傳〉(2015), 〈여의전如懿傳〉(2016), 〈연희공략延禧攻略〉(2018) 등이 있다. 가공의 역사와 무협의 요소를 결합한 권모극은 순수한 가공의 역사와 인물로 구성되며, 조당 정치의 부패와 음모를 주요 줄거리로 삼는다. 대표작으로 〈랑야방〉(2015), 〈천성장가天盛長歌〉(2018) 등이 있다.

최근 현환소설의 IP드라마가 젊은 시청자 층을 중심으로 인기를 얻고 있는 현상은 주목할 만하다. 현환소설은 인터넷소설 사이트의 주요 문학 장르로 발돋움하면서 인터넷 장르소설 가운데 가장 많은 편수를 차지하며,[103] 수많은 독자층을 낳았다. '현환'은 불가사의하고 상상을 초월하는 것을 의미하는 '현玄'과 가공의 것

---

103 2014년 12월 인터넷소설 사이트 치뎬중원넷起點中文網의 누적 통계에 따르면, "현환/기환" 류가 347,610편, "무협/선협" 류가 141,458편, "도시/직장 생활" 류가 162,756편, "과환/초자연 현상靈異" 류가 73,318편, "역사/군사" 류가 42,115편, "게임/경쟁" 류가 52,865편이다. 무협, 선협, 과환을 포함해 현환류 장르소설이 압도적임을 알 수 있다. 葉大翠, 『網絡玄幻長篇小說的生産, 傳播與消費—以七點中文網爲例』, 貴州師範大學碩士學位論文, 2015, 12쪽.

으로 신기하고 비현실적인 것을 의미하는 '환幻'의 두 가지 뜻이 합쳐진 용어로,104 무협武俠과 서양 판타지소설魔幻의 장르적 영향을 받았다. 『서유기』, 『봉신방』, 『요재지이』와 같은 신마소설의 영향 아래 수련修仙, 도술道術, 마법魔法, 신화神話의 동양적 요소를 차용했으며, 『도덕경』, 『역경』, 『산해경』 등의 동양 고전과 신비적 요소를 받아들여 형성된 장르라 할 수 있다.105 2005년 이후 시공초월소설穿越小說의 붐을 정점으로 수많은 하위 장르가 만들어졌다. 중국 최대 규모의 인터넷소설 사이트 치뎬중원넷106을 살펴보면, 현환류玄幻類라 할 수 있는 장르는 크게 현환, 기환奇幻, 무협武俠, 선협仙俠으로 나뉘는데, 각각은 무고武高, 마법魔法, 사시史詩, 환상幻想, 고전古典, 수진修眞, 신화神話, 역사歷史 등의 서사 요소가 결합되어 동방현환東方玄幻, 왕조쟁패王朝爭霸, 현대마법現代魔法, 역사환상歷史幻想, 무협환상武俠幻想, 고전선협古典仙俠, 환상수선幻想修仙, 현대수진現代修眞, 신화수진神話修眞 등 다양한 스타일을 만들며 하위 장르로 분절됐다.

현환 IP드라마 가운데 전통 고전과 동양의 신화적 요소를 결합한 선협극仙俠劇이 등장하는데, 이 역시 인터넷 현환소설의 하위

---

104 陶東風, 「靑春文學, 玄幻文學與盜墓文學—"80後寫作"擧要」, 『中國政法大學學報』, 2008年05期, 32쪽, 34쪽.

105 羅益華, 「試論玄幻小說的藝術特征」, 『大眾文藝』, 2009年6期, 42쪽; 陶東風, 「靑春文學, 玄幻文學與盜墓文學—"80後寫作"擧要」, 『中國政法大學學報』, 2008年05期, 27쪽.

106 https://www.qidian.com

장르를 극화한 것이다. 〈화천골花千骨〉(2015), 〈청운지〉(2016), 〈삼생삼세십리도화三生三世十里桃花〉(2017), 〈구주·해상목운기九州·海上牧雲記〉(2017), 〈택천기擇天記〉(2017), 〈부요扶搖〉(2017), 〈향밀침침신여상香蜜沈沈燼如霜〉(2018), 〈무동건곤武動乾坤〉(2018) 등이 대표적인 작품이다. 선협극은 신선이 되기 위한 수련 과정, 세계 전환(선계, 마계, 이계, 범계 등), 고대 무속신앙과 민간 전설의 내용을 포함하며, 이는 『산해경山海經』, 『천문天問』, 『회남자淮南子』, 『포박자抱朴子』, 『수신기搜神記』, 『서유기』, 『봉신연의封神演義』, 『요재지이』, 『경화연鏡花緣』 등 고전과 지괴소설에서 상상의 자원을 취한다.[107]

고장극은 1949년 이후의 역사유물론에 입각해 사회주의 중국의 현실을 반영한 신편역사극[108]의 전통에서 출발해 시대와 미디어의 변화와 더불어 다양한 장르적 변화와 확장을 거듭했다. 역사적 요소와 상상의 세계가 결합하고, 미디어 산업의 특성과 인터넷소설의 자원이 가세하면서 최근의 고장극은 가공극의 역사와 판타지적 내용이 주를 이룬다. 인터넷 장르소설의 선호를 바탕으로 하는 하위문화가 드라마화라는 미디어 전환을 통해 대중적 범람을 이루게 된 것이다.

---

107 曹書樂·王玥, 「從《山海經》到玄幻劇—中國傳統文化傳承與創新的案例研究」, 『全球傳媒學報』第五卷第三期, 2018年9月, 110쪽.

108 이상우, 「고대역사극과 신편역사극의 비교고찰」, 『중국어문학논집』22호, 2003, 530쪽.

③ IP 고장극의 중국풍과 역사·문화적 맥락에서 소거된 '화華'의 세계

　최근 중국에서 유행하는 IP 고장극은 궁투, 현환, 선협 등이 주류를 이룬다. IP 고장극의 저본底本은 원형 서사 요소가 방대하게 집적된 데이터베이스로부터 추출해 조합한 모방 서사다. 초기 인터넷 현환소설이 등장할 무렵 '글쓰기 소재 생성 프로그램寫作素材生成軟件'[109]을 통해 마치 독자 취향에 맞춘 상품처럼 대량으로 쏟아져 나왔고, 하위 장르도 다양하게 생성됐다. 징르소설은 취향에 따라 데이터베이스에서 요소를 추출하고 이를 조합하는데, 현환류의 하위 장르는 거의 무한대로 조합하며 확대 생산이 가능하다. 예를 들어 '신화'와 '마법'의 서사 요소를 글쓰기 프로그램을 통해 선택하면, 데이터베이스에서 추출해 소설을 형성해 준다. 세부 내용을 손보고 수정하는 것은 작가의 몫이다. 이것이 성공적으로 독자층을 확보하면, 이 소설은 '신화 마법' 장르가 되어 수많은 모방작이 잇따른다. 물론 모든 인터넷소설이 글쓰기 프로그램을 통해 만들어지는 것은 아니지만, 장르소설은 독자 취향에 따라 소비되는 상품으로 대량 생산되고 있다.

109　바이두에 '글쓰기 프로그램'을 검색하면 다양한 소설 쓰기 프로그램이 검색된다. 예를 들어 '作家助手', '壹寫作' 등의 다양한 소설 쓰기 앱이나 '星達字段拼湊集合摸板軟件'과 같은 전문 프로그램도 추천된다. 특히 이 프로그램은 주제, 유형, 등장인물과의 관계, 글자 수 등 원하는 작품의 여러 요소를 선택할 수 있으며, 선택이 끝나면 데이터베이스로부터 한 편의 글을 만들어진다. 글쓰기 프로그램과 데이터베이스식 소비에 대한 논문은 李弭의 글「從超文本到數據庫重新想象網絡文學的先鋒型」,『文藝理論與批評』, 2017年第3期 참고.

현환은 인터넷소설 사이트에서도 압도적인 작품 수를 자랑하며 수많은 하위 장르로 인기가 높은데, 대개 '무협'과 '신화'가 주요 서사 요소로 구성된다. 이를 바탕으로 제작된 IP 고장극 역시 허구의 역사와 환상 세계를 만들며 독특한 중국풍Chinese style을 형성한다. 여기서 '중국풍'이란 역사적·문화적 맥락이 소거된 추상화된 요소만을 시각화한 것으로, 표층적 기호들이 반복 출현함으로써 중국 이미지의 정형성을 이룬다. 예를 들어 시대를 알 수 없는 복식 스타일, 이야기 배경으로 설정되는 '곤륜', '사해', '팔황', '도화원' 등의 공간적 감각, '천족', '마족', '이족' 등 종족 간의 마찰과 투쟁에서 비롯된 종족 관념, '윤회', '영생', '내세', '현세'를 통한 생사관이 바로 이 정형성을 이루는 요소들이다.[110]

드라마 〈화천골〉의 '장유선산長留仙山'이나 〈삼생삼세십리도화〉의 '청구靑丘', '랑야대瑯琊臺', '봉래산蓬萊山' 등의 공간 설정은 주로 『산해경』에 나오는 지명과 장소를 차용한 것이며, 〈삼생삼세십리도화〉의 구미호를 비롯해 〈선검기협전仙劍奇俠傳〉, 〈향밀침침신여상〉 등에서 요괴, 정령, 괴수 등 인간과 동물의 모습으로 자유롭게 전환하는 존재는 『봉신연의』, 『서유기』, 『요재지이』, 『백사전白蛇傳』 등의

---

110 曹書樂·王玥, 「從《山海經》到玄幻劇─中國傳統文化傳承與創新的個案研究」, 『全球傳媒學刊』第5卷第3期, 2018, 108~120쪽. 이 논문에서는 2015년부터 2017년에 중국에서 유행한 현환극에 공통으로 나타난 동양적 특성과 요소를 시공간, 종족관, 생사관으로 분류해 분석한다.

다양한 이야기에 차용되어 혼용되고 있다. 중국풍은 이렇듯 고대의 신화적 요소와 이야기 텍스트의 모방과 혼용에 의해 형성된다.

이는 진융의 무협이 갖는 역사 다시 쓰기 방식이나 정치 풍자를 통한 사회 비판 혹은 무협 정신 구현을 통한 거대 서사의 재현이 아니라, 오히려 텅 빈 기표의 조합이 이루는 환상과 허구의 세계로서 단순한 스토리 복제와 파생이 반복되는 순수한 오락의 세계를 이룬다. 이러한 중국풍은 문화산업을 통한 경제적 효과, 중국 전통 발양을 통한 문화의 세계 진출 전략走出去政策, 상대적으로 검열이 완화된 허구적 상상의 제재라는 외재적 조건과 부합해 전략적으로 확산된다. 하지만 이는 오히려 역사적·사회적 맥락이 소거된 '중국풍'을 대량으로 양산한다. 중요한 것은 이러한 혼종적이고 모호한 정체성에 의해 문화적으로 동질화된 가상의 '중화中華'라는 감각을 만든다는 데 있다.

현환극에 자주 등장하는 '곤륜崑崙'은 세상의 중심이거나 세상 창조 전부터 존재한 기원지로서의 영적 공간의 중심이다. 또한 본래 일원적 존재인 '천자'의 지배에 귀속된 공간이자 문화적 중심으로서의 '중국中國'이라는 개념111에 대척되는 주변부로서의 '사해四海'와 그 주변부를 둘러싼 야만의 세계로서 '팔황八荒'은 '중심

111　본래 '중국'의 의미는 여러 기원이 있지만, "중앙에서 중국인(화하 또는 한족)에 의한 중국 영토의 통일, 중앙집권적 국가와 예교 문화의 중심"이라는 공간적·정치적·문화적 개념이 중첩되어 있다. 이성규, 「중화사상과 민족주의」, 『철학』 37집, 1992, 35쪽.

과 주변'이라는 중국의 전통적 공간 개념을 연상시킨다.[112] 중앙(중국)과 사해의 개념을 합한 것이 바로 '천하'인데, 천하는 천명을 갖고 태어난 천자를 중심으로 중앙의 화하華夏와 사해의 이적夷狄이 통합된 정치 질서다. 이러한 공간 개념은 한족과 비한족 혹은 화하와 이적의 구분을 낳는데, 여기서 이적은 중앙의 질서와 문화를 수용해 천하에 속한 일원으로 억압적 구조가 아닌 합의에 의한 공존 상태를 이룬다. 이는 중화사상의 핵심을 이루는 내용이지만, 현환극에서는 중심 가치를 이루는 세계관으로 형성되지 않고, 오히려 작은 이야기를 전개하기 위한 배경 요소로만 작용한다. 즉 드라마의 작은 이야기는 작품 안에서 세계관(커다란 이야기)과 "해리解離 상태"를 이룬다.[113]

드라마 〈삼생삼세십리도화〉에서는 세상의 중심인 구중천 천계의 존재가 세상을 다스리는데, 사해와 팔황의 마계魔界에서 익족翼族이 반란을 일으키자 청구靑丘의 호족狐族과 천손天孫의 결합으로 이를 다스린다. 이 설정은 데이터베이스 요소로 이루어져 드라마 전체 흐름을 이끌지만, 세계관을 형성하지 않는 "커다란 비非이야기"다. 이 과정에서 3개의 세계와 3번의 생애에 걸친 사랑

---

112 曹書樂·王玥, 「從《山海經》到玄幻劇—中國傳統文化傳承與創新的個案研究」, 『全球傳媒學刊』 第5卷第3期, 2018, 112쪽.

113 아즈마 히로키, 이은미 역, 「작은 이야기와 커다란 비이야기의 공존」, 『동물화하는 포스트모던』, 문학동네, 2013, 145쪽.

이야기가 전개되는데, 이것이 바로 드라마가 만드는 "작은 이야기"에 해당한다. 드라마 팬들은 "작은 이야기"의 흐름과 전개에 몰입하지만, 이 과정에서 "커다란 이야기"가 가진 세계관에 흡수되지 않는다.

2) IP드라마의 기술 환경과 '데이터베이스 소비'

① 비물질 노동과 IP산업

최근 인터넷소설이 고장극뿐 아니라 중국 드라마 장르 대부분의 원천 서사로 이용됨에 따라 미디어 간 대중문화 산업의 연계가 활발해면서 지적 재산권 기반의 새로운 대중문화 산업 형식이 나타났다. 중국에서는 이를 IP산업이라 하며, 인터넷소설 원작 판권을 사들여 제작한 문화 상품을 IP드라마, IP영화, 인터넷소설 IP 등으로 일컫는다. 인터넷 IP는 하나의 콘텐츠를 다양하게 이용하는 OSMU식 확장뿐 아니라, 하나의 서사가 확대와 파생 등의 방식으로 변주되는 '크로스미디어 스토리텔링Cross Media Storytelling'114 형식으로 응용되며, 소설과 게임 서사, 드라마와 영

---

114 크로스미디어에 대한 대표적 연구로는 서성은, 『크로스미디어 스토리텔링』, 커뮤니케이션북스, 2018이 있으며, 크로스미디어를 통한 스토리월드의 확장으로서 선협 드라마의 유사 스토리 구조를 분석한 논문으로 정유경·한혜원, 「중국 선협 로맨스 웹소설의 크로스미디어 스토리텔링」, 『글로벌문화콘텐츠』 제40호, 2019가 있다.

화, 웹드라마와 애니메이션까지 중국 문화산업을 진작하는 새로운 산업 모델로 떠오르고 있다.

인터넷소설 창작은 지식, 정보, 소통, 관계를 바탕으로 형성된 정동적affective 반응을 통한 지식 노동이며, 즐거움, 여흥, 공감, 쾌감, 취향, 만족 등의 정동affect을 생산하는 비물질 노동이다. 인터넷소설을 창작하는 대중의 정동적 노동은 자율적이며 전복적 가능성이 잠재된 노동이었으나, 거대 자본 흐름에 의해 현존하는 자본주의적 가치 체계 내로 포획됐다. 비물질 노동은 전 지구적 자본주의 경제가 공업 경제에서 서비스 경제로 탈근대화하는 과정 가운데 정동의 생산과 조작을 포함하는 과정이다.[115] 비물질 노동은 인지자본주의론을 구성하는 주요 개념이며, 내부적으로는 크게 계급운동의 재구성을 구성하는 분파와 포드주의 이후 자본주의의 새로운 '축적 체제'로 보는 두 가지 흐름이 존재한다.[116] 여기서는 후자의 입장에서 비물질 노동을 통해 생산된 정동과 소설 텍스트라는 비물질적 생산물이 다시 거대 자본에 포획되어 IP산업이라는 이윤 창출 형식으로 드러나는 점에 주목한다. 비물질 노동 형태는 전 지구적 경제의 탈근대화 과정에서 드러나는 보편적 현상이지만, 중국적 맥락에서도 IP산업은 자본이 그 영역과

---

115 마이클 하트, 「정동적 노동」, 『비물질노동과 다중』, 갈무리, 2005, 140~141쪽.

116 김공회, 「인지자본주의론의 가치이론 이해 비판: 비물질노동의 개념화와 측정을 중심으로」, 『마르크스주의연구』 제9권 1호, 2012, 92쪽.

통제 방식을 확장해가고 있음을 드러내는 징후로 읽을 수 있다. 중국 문화산업의 새로운 경제 형태의 역사적 형성에 주목하는 것은 대중의 창조적 역량과 욕망이 착취 가능한 경제적 형태 내에서 어떻게 분절되는지 파악하는 중요한 작업이다.

인터넷소설 사이트는 본래 공유지와 같은 성격으로, 누구나 들어와 자유롭게 글을 쓰고 게시할 수 있으며, 이에 대한 작가와 독자의 교류, 독자와 독자의 교감 관계가 형성되면서 대중적 차원의 집단 글쓰기와 공유가 일어나던 곳이다. 이에 참여하는 작가와 독자는 보통의 시민으로 이뤄진 비전문적 대중이 대부분이었다. 작가가 꿈인 이들도 있었지만, 대부분이 자기 토로와 현실 세계 비판의 글쓰기를 했다. 1990년대 초 인터넷이라는 새로운 미디어 형식은 억압된 자기표현과 이데올로기에 의한 제한적 문예 콘텐츠의 한계 속에서 발견된 비교적 자유로운 담론의 장이었으며, 대중의 다양한 욕망은 인터넷소설 사이트라는 공유지에서 창조적 역량으로 전환했다.

인터넷소설 사이트라는 공유지에서 집단 생산과 공유제를 통한 콘텐츠의 양적·질적 축적이 어느 정도 진행되자 회원제와 유료화 시스템이 도입됐다. 이어 거대 자본을 가진 성다문학 그룹이 여러 소설 사이트를 매입·합병함으로써 인터넷소설의 장르별 규격화와 상품화가 진행됐다. 2015년에는 텅쉰문학騰訊文學과 합병한 웨원그룹閱文集團이 출범해 문학, 게임, 영상 산업을 아우르는 IP산업의 중심 기지가 되었다. 이 과정에서 자본 시스템의 판권 소유와 공유자들의 무료 구독권 사이에 마찰이 생기면서 판권이 제도적으로 보호받기 시작했다. 또 인터넷소설작가협회가 출범하는 등 인터넷소설 콘텐츠와 IP산업이 신속하게 제도화되고, 제도권 내 이데올로기 기호망으로 포획됐다. 소설 텍스트라는 비물질적 생산물은 정동을 생산하는 지표로서의 '조회 수'(인기도)로 가치 평가됐고, 자본에 의해 상품이 되어 이윤을 창출했다. 인터넷소설 사이트에는 잉여 가치 수취를 위한 자본 축적 메커니즘이 적용됐으며, 교환과 유통 체계 역시 유효하게 작동했다. 여기서 비물질 노동(정동적 노동)의 과정은 단순히 자본주의 공장에 들어간 정신적 노동의 과정이 아니라, 자기표현과 창조 수단으로써의 글쓰기 행위, 작가와 독자 등 소설 사이트 이용자 간의 소통적 행위가 서로 맞물린 것으로, 이 비물질 노동 과정을 자본과의 사회적 관계가 새롭게 생산되는 과정으로 파악할 수 있다.

② 인터넷소설 작가와 팬의 등장

특히 1990년대 후반 인터넷이라는 뉴미디어 보급과 더불어 인터넷소설 창작이 유행하자 드라마 소재 및 제재가 새로운 자원과 생명력을 얻으면서 고장극이 더 다양한 장르와 표현 형식을 얻었다. 다양한 콘텐츠 소비의 수요와 '작가의 꿈'에 대한 열망은 표현이 자유로운 인터넷이라는 공간[117]에서 대중성과 통속성의 창조적 흐름을 타고 '전 인민의 문학'이라는 새로운 문학의 장을 열기 시작했다. 사회 불만 토로, 여흥과 오락으로서의 창조적 역량은 작가와 독자의 소통을 기반으로 읽기에서 쓰기, 쓰기에서 읽기, 다시 쓰기에서 쓰기의 상호작용을 통해 기존 통속소설에는 존재 하지 않던 다양한 장르적 갈래를 형성했다.[118] 인터넷 통속소설의 갈래 중 유례없는 인기로 인해 미디어 간 교차 제작의 저본으로 차용된 것이 바로 현환소설이다. 현환소설의 통속성과 대중성은 고장극에 반영됐으며, 다양한 장르적 전변을 거치며 2000년 이후 인기 드라마의 주요 흐름을 생성했다.

거대 자본은 자본주의적 가치 시스템 내에서 인터넷소설 사이 트를 운용·관리한다. 인터넷소설 사이트의 마케팅, 판권 소유 권 관리와 의사소통, 연재와 수익 분배 등 모든 것이 규격화·제 도화됐으며, 콘텐츠와 작가, 팬 활동이 관리·감시된다. 로베르 트 무질Robert Musil이 농업 세계의 사회 공장 이행 과정에서 인간성 및 본성의 변화를 지적했듯이[119], 경제의 탈근대화는 비물질 노동 에서 직접적인 이윤 창출을 가능하게 했고, 이에 따라 창조적 욕

---

117   인터넷소설 공간이 생겨나기 시작할 때에는 관리 규정이나 정책이 미비해 상대적으로 창작의 자유를 누릴 수 있었다. 이후 성다문학盛大文學이 여러 문학 사이트를 잠식함으 로써 문학의 창조성이 자본에 의해 장르화, 패턴화, 상업화되기 시작했다.

118   왕샤오밍, 백지운 역, 「육분천하—오늘의 중국문학」, 『창작과 비평』 40호, 2012, 332쪽, 335쪽.

119   마이클 하트, 「정동적 노동」, 『비물질노동과 다중』, 갈무리, 2005, 142쪽.

망을 지닌 대중이 자발적 착취가 가능한 인간성과 영혼을 갖추게
됐다.

인터넷소설 사이트에서 정동 생산과 비물질 노동에 참여하는
두 주체가 바로 '사수寫手'120와 독자 팬紛絲이다. 사수는 습작으로
구독자 수를 확보하려는 작가 지망생이며, 이들을 작가 반열에
올려놓을 수 있는 것이 바로 독자 팬이다. 사수는 팬들의 두터운
지지를 바탕으로 인지도와 영향력을 얻으며, 연재소설의 양(글자
수)에 따라 수당을 받거나 IP상품 판권 체결 등의 경제적 수익을
창출한다. 이 과정에 참여하는 모든 이의 에너지와 능력은 자발
적으로 상품화와 자본화에 이용된다. 팬들은 소설 전개와 흐름에
참여하려 하며, 작품 평가는 물론 소설에 필요한 자료와 소재를
제공하기도 한다. 작가는 창작 욕구와 독자의 기대를 절충시키며
연재한다. 여기서 댓글과 피드백 등의 소통으로 생성되는 즐거
움, 재미, 성취, 만족 등에 해당하는 정동은 소설 창작이라는 비
물질 노동의 원료이자 원천이 된다. 비물질 노동 과정은 다시 자
본주의적 가치 체계 내에서 작가 간 상호 경쟁을 통해 파생상품

---

120 일반적으로 인터넷소설 사이트에서 사수는 팬의 요구에 따라 작품을 완성하며, 자신의
창작 세계보다 대중성을 더 중시하는 경향이 있다. 팬과의 피드백과 상호 교류를 통해
어느 정도 대중성을 확보하고 성공작이 많아짐에 따라 본인의 창작 경향과 스타일을 형
성하는데, 이때 인터넷소설 사이트가 부여한 '최고 등급 작가'라는 영예를 얻는다. 특히
IP상품 제작 판권을 체결한 뒤에는 명실상부한 스타 작가가 된다. 사실 사수와 작가의
차이는 거의 없다. 인터넷소설 작가는 스스로 '사수'라 낮춰 칭하기도 한다. 실제로 인
터넷소설 사이트에서 모든 '사수'가 등급별로 구분되는 '작가'들이다.

(영상 작품과 게임 등)을 생산하면서 물질 노동이 일어나는 문화산업과 연계된다. 대표적 예로, 웨원그룹의 인터넷소설 사이트 중 가장 큰 규모를 자랑하는 치뎬중원넷은 작가와 팬이 만드는 경쟁적 순위 체계를 중심으로 운영된다. 작가가 단계별로 승급하는 것은 미치 승리를 쟁취하는 온라인게임의 로직, 열띤 주식시장과 같은 금융 경제 시스템을 떠올리게 한다.

인터넷소설 사이트에는 상르별 세션이 있어서 다양한 작품을 검색해 구독할 수 있다. 홈페이지에는 새로 연재를 시작한 작품이 순위별로 소개되어 있는데, 작품 수, 창작 작품 길이(글자 수), 연재 일자에 따라 작가의 등급이 매겨진다. 그리고 사이트 편집자의 질적 선별을 거쳐 추천 차트에 이름을 올리며 정식 리그에 '상장'된다. 작가는 작품을 통해 팬을 확보하고, 팬들과의 교류를 통해 줄거리 방향과 내용에 피드백을 반영하면서 신뢰와 지지를 확보한다. 팬들은 이에 대한 보답으로 작품을 추천하거나 원하는 만큼 작가에게 상점(실제 화폐로 교환할 수 있는 가상화폐)을 준다. 추천 수가 순위에 영향을 주고, 상점은 작가의 실제 수입이 되며, 작가는 이를 바탕으로 승급할 수 있다. 사이트에서는 각종 기준에 의해 선별된 작품을 차트별 순위로 보여 준다. 예를 들어, 구독 수 순위, 24시간 인기 순위, 실시간 팬 보유 순위, 추천 수 순위 등 다양한 차트에서 연속 1위를 기록한 작품은 단연코 왕성하게 활동하는 팬을 많이 보유한 작가의 작품이다. 작가는 승급을 거듭하며 이른바 '우량주'로 떠오른다. 독자 팬의 구독 추천과 상점이 높은 '우량주'는 문화 상품 제작자와 투자자의 관심을 한 몸에 받는다. 팬이 많다는 것은 대중성과 오락성에 대한 보증이며, 향후 파생상품에 대한 충성도와 직결되기 때문이다.

인터넷 현환소설 『화천골』은 출판과 동시에 드라마로 제작됐으며, 동명의 모바일게임으로도 출시됐다. 『고검기담古劍奇譚』 역시 구독 지수에 힘입어 드라마로 방영된 동시에 온라인 RPG게임으로 제작됐다. 현환소설 『선검기협전』은 동명의 온라인게임으로 먼저 출시됐는데, 높은 인기를 얻어 이후 드라마로도 제작됐다. 인터넷 원작 소설 『마도조사魔道祖師』는 출판 이후 〈진정령陳情令〉이라는 제목의 드라마로 방영됐고, 동시에 오디오 드라마, 웹툰, 애니메이션으로도 제작됐다. 치뎬중원넷은 인터넷소설 사이트에 IP 온라인게임과 모바일게임 서비스를 이용할 수 있도록 출시 게임 정보와 연계 사이트를 제공하고 있다. 인터넷소설 사이트가 IP산업에 이용되는 방식은 마치 온라인게임 유저(작가)가 다양한 유저(독자 팬)와의 게임(기술 교환과 피드백)을 통해 승급하고, 최후의 승자가 되는 게임 법칙과 매우 흡사하다. 최후의 승리는 경쟁 구도를 거쳐 작가의 미래 가치 판단에 따른 경제적 보상과 연결되는데, 여기서 자본의 법칙이 적용된다.

③ '데이터베이스'에 대한 욕망과 소비

덩샤오핑 이후 포스트사회주의 도래와 그 연장 선상에서 거대 서사의 망령조차 없어진 1989년은 세계사적 냉전 체제 붕괴와 겹치며 새로운 흐름이 등장한 때다. 1990년대는 상대적으로 다원화됐으며, 엄숙문학과 대립적인 통속문학으로서의 '문학 서적'이 나타났다. 1990년대 중반 초기 인터넷소설 플랫폼이던 롱수샤榕樹下, 신위스新語絲 능에서 가벼운 서사와 스토리 중심의 청춘문학青春文學이 '신개념문학'이라는 이름 아래 생겨나기 시작했고, 어느 정도는 지면문학과 연관성을 가지며 문학성을 지향했다. 대표적으로 한한韓寒, 궈징밍郭敬明 등의 80후 작가가 인기를 끌었으며, 우상화된 작가로서 열성 팬의 지지를 기반으로 작품뿐 아니라 작가의 사생활과 패션까지도 상업적으로 소비됐다. 이 두 작가의 인기는 청년 하위문화 부상을 대중적 차원에서 알리는 계기가 됐으며, 문학 표현과 소비 형태에도 변화가 생겼음을 예고했다.

2000년 이후 생겨난 인터넷소설 사이트 치뎬중원넷, 진장넷, 쥐스원화聚石文華, 17K17K小說網 등은 장르소설을 중심으로 운영되며, 독자 팬은 취향 중심의 소중小衆, 활동과 참여율이 높은 분중分衆, 텍스트 충성도가 높은 정중精衆으로 세분화된다.[121] 그들의 하위문

---

121 聶偉, 「玄幻劇 : 打開青年"網感"文化的路徑之一」, 中國作家網, 2016.9.29.
http://www.chinawriter.com.cn/n1/2016/0929/c404004-28748693.html (검색일: 2019.12.12)

화는 소설 텍스트를 포함한 문화 파생상품에 대한 소비이며, 그 행위는 데이터베이스 요소 자체에 대한 욕망이다. 타오둥펑은 이 순수한 유희의 세계 자체에 대한 집착적 지향은 결국 "불확실성의 세계로 인한 지적 허무주의와 냉소적 현실 태도, 시니시즘(犬儒主義, cynicism)으로부터 기인한다"고 밝힌 바 있다.[122] 인터넷 장르소설의 유행은 창작 주체의 현실 및 생존 상태와 매우 깊은 관련이 있다.

인터넷 장르소설을 생산하고 소비하는 주체인 80후·90후 세대의 창작 및 소비 열정을 아즈마 히로키의 말을 빌려 설명할 수 있다. 이들은 거대 서사와 심층 구조가 존재하는 근대적 세계관 속에서 성장했기 때문에 포스트모던과 새로운 미디어 세상으로 세계가 이전했음에도 불구하고 여전히 남아 있는 거대 서사를 향한 욕망으로 잃어버린 거대 서사의 "날조"를 시도한다.[123] 또한 거대 서사를 향한 날조를 시도하는 하위문화 부상에 대해서도 "모든 것의 가치가 와해된 후 무의미한 것에서 억지로 의미를 찾고, 그 '억지로'에 갇힌 형식으로서 조락한 커다란 이야기 공백을 메우려는 것"[124]으로 설명한다. 이후 포스트모던 세계에서 성장한

122　陶東風, 「靑春文學、玄幻文學與盜墓文學―"80後寫作"舉要」, 『中國政法大學學報』 2008年05期, 32쪽, 37쪽.

123　아즈마 히로키 저, 이은미 역, 『동물화하는 포스트모던』, 문학동네, 2013, 74쪽.

124　위의 책, 128쪽.

90후와 이후 세대는 세계관 자체를 데이터베이스로 이해하므로 거대 서사처럼 심층적 심급으로 세상을 조망하는 태도를 방기한다. 이에 따라 거대 서사의 빈자리에 관해 이야기 날조뿐 아니라, 날조된 허구 자체를 소비하는 현상이 나타났다.[125]

근대의 세계관은 작은 이야기를 통해 거대 서사의 심층 구조를 파악하는 것이며, 거꾸로 작은 이야기 안에 심층 구조가 투사되어 있다. 반면 데이터베이스식 세계관은 표층의 서로 다른 요소들의 조합으로 이뤄지며, 독자가 표층의 조합을 읽는 방식에 따라 심층 구조의 모습이 달라진다. 그래서 표층 정보를 조합해 텍스트를 엮는 인터넷 작가 스타일은 독자 팬들의 선호와 취향을 만든다. 이러한 선호는 다시 문화산업과 자본에 의해 여러 형태로 과잉과 포화를 만드는데, 이 과정에는 존재하지 않는 심층 구조가 실재하는 질서처럼 역할하면서 생산되고 소비되며 유전한다. 거대서사, 즉 완성된 세계관에서의 재현은 기호와 실재가 서로 교환되지만, 데이터베이스식 세계관에서는 가치로서의 기호가 부정되기 때문에 기존의 가치마저 모호해진다.[126] 그래서 기호는 실재를 담지 못해 텅 비어 있으며, 이 텅 빈 기호로 이뤄진 텍스트는 적당한 즐거움과 오락을 제공한다. 이는 독자들이 추구하

---

125   위의 책, 75쪽, 129쪽.

126   배영달, 『보드리야르와 시뮬라시옹』, 살림, 2005, 72쪽.

는 '잘 만들어진 이야기'에 대한 욕구를 만족시키는 듯한 착각을 일으킨다. 표층으로부터 조합된 '잘 만들어진 것처럼 보이는' 이야기는 단순한 감동으로부터 팬들을 순수함의 추구와 열정의 세계로 인도하고, 결국 '잘 만들어진 이야기'는 '가짜'로밖에 기능하지 않는 '유사 거대 서사'인 듯 보인다. 거대한 편폭을 차지하는 인터넷소설과 이에 대한 IP드라마는 연애물과 단순한 성공 서사 등의 복제일 뿐이다.

인터넷소설 사이트는 이용자의 사용 흐름을 만드는 웹페이지 구조와 데이터베이스식 가치관이 만드는 장르소설 구조로 유사한 텍스트를 계속 복제하고 파생한다. 특히 현환소설 류는 원작 창작 자체가 마치 서브컬처식 소비와 같다. 대표적인 예로, 지난 몇 년간 유행한 드라마 〈화천골〉, 〈삼생삼세십리도화〉, 〈향밀침침신여상〉은 이야기 구조와 주인공 유형이 이전 드라마의 구조와 형식을 차용하는 '상위 모방적 특징'을 보일 뿐 아니라,[127] 드라마 속 작은 이야기가 단독으로 독립된 드라마로 제작되는 자기 증식 복제의 특징을 보여 준다. 실제로 〈삼생삼세십리도화〉 속 작은 이야기는 독립적으로 새로운 원작 〈삼생삼세침상서三生三世枕上書〉(2020)로 발전해 소설 출판과 드라마 제작으로 나아갔다. 인터

127　정유경·한혜원, 「중국 선협 로맨스 웹소설의 크로스미디어 스토리텔링」, 『글로벌문화콘텐츠』 제40호, 2019, 91~93쪽.

넷소설 사이트의 장르소설 자체가 데이터베이스식 소비의 결과물이며, 문화산업 구조에 의해 과잉 복제된다. 이에 대한 팬들의 높은 충성도와 선호는 하위문화의 대중적 범람을 만들며, 그들의 소비는 데이터베이스의 표층적 요소 자체에 대한 욕망이라 할 수 있다.

최근 중국에서 유행하는 대다수 드라마는 인터넷소설을 원작으로 만들어진 IP드라마다. 고상극은 신편역사극의 전통에서 시작해 정통사극을 제외하고 역사적 사실에 상상을 가미한 퓨전 사극 형태로 발전했다. 또한 장르 형성 과정에서 무협소설의 요소가 반영됐다. 다른 한편으로 무협은 인터넷 장르소설에도 큰 영향을 미쳤는데, 역사, 신화, 고전 등 다양한 요소가 문화산업의 영향으로 여러 하위 장르를 만들며 현환류 소설의 붐을 이뤘다. 최근 유행하는 IP 고장극은 이런 현환류의 장르소설을 극화한 경우가 많으며, 주로 가공의 역사와 신화의 세계를 다룬다. 특히 시공초월극, 궁투극, 권모극, 현환극, 선협극은 정치, 사회, 역사의 맥락에서 완전히 비켜서 있다.

이러한 현상은 크게 두 가지 맥락에서 이해할 수 있는데, 하나는 문화산업 시스템의 과도한 상업화이며, 다른 하나는 창작에 있어 상대적으로 검열에 자유로운 '환상 세계'에 대한 몰두다. 중국 IP 문화산업 생산 시스템의 중심에는 인터넷 문학이 있으며, 과도한 상업화로 인해 인터넷소설이 대중 취향 중심의 상르소설로 발전했다. IP가 문화산업 전반에 중추적 메커니즘으로 자리 잡으면서 대중의 정동情動, 즉 참여 열정과 창작 열망이 인터넷이라는 새로운 미디어 형식과 비물질노동이라는 자본의 방식에 포획됐고, 거대 서사에 대한 지향과 갈망은 작은 이야기를 소비하는 욕망으로 치환됐다.

8. 인터넷 미디어 관리 체계와 웹드라마 출현

1) 인터넷 미디어 영역의 감시 체계

이제 인터넷은 중국인의 생활 전반에 깊은 영향을 미치고 있다. 풀뿌리 미디어와 자본이 만드는 상업적 미디어, 관방의 통제적 미디어가 상호 영향을 미치는 여론 투쟁의 장이 되었다. 중국 사회에 작동하는 권력 형식이 변화하고 있으며, 다양한 미디어의 영향으로 새로운 대중 주체가 출현했다. 또 사람들은 인터넷 공간에서 콘텐츠 생산과 소비, 소통을 통해 질서와 관계를 형성한다.

아즈마 히로키는 웹에서의 모든 활동이 고스란히 기록되어 데이터베이스화되는 '총기록사회'와 그 네트워크가 만든 아키텍처가 모든 개인 간의 '소통 없는 소통'을 가능하게 하며, 루소의 일반 의지를 한층 업그레이드한 '일반 의지 2.0'으로 드러나 새로운 방식의 민주주의가 도래함을 예견한 바 있다.[128] 그가 정보화사회 도래에 대해 이렇듯 낙관적이고 이상적인 전망을 내놓았지만, 정보화 사회 기반이 "무의식을 가시화하고", "집단적 심리와 무의식의 심리 지도까지 작성할 수 있다는 점"을 고려한다면, 더 철저한 착취와 통제가 가능하다는 부정적인 면도 간과할 수 없다.[129] 중국은 인터넷에서의 자유로운 네티즌 활동을 두고 체제를 위협할 수 있는 예측 불가능성에 우려와 경계의 시선을 보내며, 이에 관한 새로운 관리 체계를 수립하고자 한다.

관방이 인정한 제작자에 한정되던 텔레비전 미디어 생산은 관리자가 존재하는 상태에서 그들의 업무를 피관리자인 제작자에게 이관해 검열을 내재화하는 방식으로 변화했다. 관방에서 허가한 콘텐츠 제작자들 외에도 불특정 다수인 대중이 직접 참여해 생산하는 다양한 인터넷 풀뿌리 미디어가 도처에 분포한다. 이들을 일일이 관리하기 불가능하므로 관방은 콘텐츠 제작에서 자아 검열 체제를 형성함과 동시에 위험 요소를 사전에 차단하고 방지함으로써 인터넷의 모든 영역을 체제 내부화할 수 있게 하는 바놉티콘banopticon 식 전면 관리 체제를 꾀하고 있다.

그러나 서구에서 말하는 바놉티콘과 여기서 언급하는 중국 미

---

128 아즈마 히로키, 안천 역, 『일반의지 2.0: 루소/프로이트/구글』, 현실문화, 2012, 92~119쪽.

129 한병철, 김태환 역, 『심리정치—신자유주의의 통치술』, 문학과 지성사, 2015, 38쪽.

디어 지형의 바놉티콘 개념에는 차이가 있다. 원래 바놉티콘의 기본 개념은 '배제와 포함'이다. 파놉티콘식 관리가 규범을 내면화해 그 규범에 따라 자발적 감시 체제로 들어오게 하는 것이라면, 바놉티콘식 관리는 위험 요소가 될 만한 가능성을 사전에 차단함(배제)으로써 사람들을 질서 내부로 들어오게 하는(포함) 방식이다. 그리고 대중 자신의 생활과 그 터전이 되는 국가가 항시 타자의 테러와 위협에 노출된 국가석 비상사태인 '예외 상태'에 놓여 있다는 인식 때문에 스스로 감시 체제의 주체가 되어 감시에 참여(DIY(Do It Yourself) 감시)[130]함으로써 사회 질서 내에 포함된다. 즉 서구의 바놉티콘 개념은 국민이 스스로 감시 체제의 주체가 되어 국가적 감시 체제의 역할을 직접 수행하는 경우다.

그러나 중국의 경우는 인터넷 영역에서 바놉티콘적 감시 체제를 수행하는 주체가 네티즌이 아닌 국가라는 점에서, 또 '배제를 통한 포함'이 아닌 '포함을 통한 배제 영역의 제거'라는 점에서 그

---

130 바놉티콘 개념은 아감벤의 영향을 받아 장 뤽 낭시Jean-Luc Nancy가 발전시킨 '추방ban' 개념과 푸코의 '옵티콘opticon' 개념을 연결해 만든 것이다. 이는 배제되는 범주를 만듦으로써 포함의 개념을 형성한다. 바놉티콘은 시스템에 적대적인 자들을 배제하고, 위험과 불안은 시민 스스로 감시 체제 내에서 감시의 주체가 되게 했다(DIY식 관리 방식). 디디에 비고Didier Bigo는 "불안을 통한 통치 기술이 일상적으로 행해지는 감시와 통제의 실천들에 의해 지지된다고 주장하면서 '사전 예방'과 '배제'를 목적으로 수행되는 오늘날의 감시 시스템을 바놉티콘이라고 명명"했다. 지그문트 바우만, 데이비드 라이언 대담, 한길석 역, 「자기 스스로 감시하는 소비자들」, 『친애하는 빅브라더』, 오월의봄, 2014, 94~97쪽; 치철운, 「판옵티콘, 신옵티콘, 밴옵티콘」, 『오늘의 문예비평』, 5월호, 2009, 245쪽.

차이가 있다. 중국 관방은 인터넷 영역에 잠재적 체제 위협 요소가 항상 존재한다고 보아 국가 이데올로기 안전에 관한 비상사태를 유지하며 위험 요소와 '불순분자' 감시 및 색출을 강화하고 있다. 또한 인터넷 영역에서 이러한 '예외 상태'의 항시적 유지는 안전과 질서를 위한 감시 장치의 강압적 개입을 합리화하며, 물적·인적 자원을 총동원해 여론 방향 몰이와 감시에 총력을 기울이게 한다. 중국 정부가 지정한 잠재적 위험 요소가 존재하는 이른바 '인터넷의 흑색 지대'를 점차 홍색 지대에 '포함'함으로써 배제의 영역을 남기지 않도록 인터넷 영역을 전면 관리한다. 이는 인터넷에서의 모든 활동과 내용을 프로파일링할 수 있는 인터넷의 기술적 조건이 있기에 가능하다. 인터넷에 모든 것이 기록되는 '총기록사회'의 물적 토대는 국가의 감시와 통제를 훨씬 쉽게 만들 뿐 아니라, 위협이 될 만한 요소와 내용을 사전 차단하고 이를 점진적으로 안전한 '홍색 지대'로 구축한다. 더 위험한 것은 대다수 중국 네티즌이 이처럼 '안전한' 환경에서 정부의 표적이 될 만한 '위험한 콘텐츠' 생산을 자제한다면 비교적 편안하게 '표현의 자유'를 누릴 수 있다고 여기는 것이다. 중국 정부의 이러한 관리 방식이 개인 네티즌의 파놉티콘적 자기 검열을 강화하고 있다.

중국 관방은 제도 개편과 더불어 광전총국의 영화, 드라마, 라디오를 중심으로 하는 기존의 미디어 관리 범위를 출판, 인쇄를 비롯한 인터넷 영역까지 확대했다. 불특정 다수의 네티즌이 생산하는 콘텐츠를 포함한 인터넷 영역을 관리하기 위해 제도화, 규범화하고 있으며, 이는 출판 및 인쇄물에서 인터넷 내용까지 문자로 구성 가능한 모든 콘텐츠를 합법적으로 관리하려는 전면적 관리로의 변화라고 할 수 있다.

2) 인터넷 내용 관리 및 검열 정책 변화

1990년대 후반 중국에서 인터넷이 상용되기 시작한 이래 인터넷과 핸드폰을 비롯한 뉴미디어는 다양한 올드미디어를 포섭하며 주류 미디어의 위치를 확보했다. 이에 중국 정부는 고삐 풀린 인터넷 발전을 가다듬고 관리 통제해야만 하는 상황에 처했다. 2000년에 이미 신문, 뉴스, 출판, 교육, 의료, 약품 등의 다양한 내용이 범람한 만큼, 각 분야의 협력과 관리 감독의 필요성이 제기됐다. 그래서 인터넷 사용 및 운용 질서를 규범화하기 위해 "인터넷 정보 서비스 관리 방법互聯網信息服務管理辦法"을 마련해 신문, 뉴스, 출판 관련 종사자들이 인터넷에 콘텐츠를 게시할 경우 접속 시간, 위치, 신분 등에 관한 내용을 공개하고 이를 감시할 수 있도록 했다. 또 광전총국이 직접 할 수 없는 인터넷 서비스 운용에 관한 기술적 관리 감독을 국무원 정보산업 관련 부문과 협업할 수 있도록 규정했다. 2005년 이후 텔레비전 드라마를 비롯한 프로그램을 인터넷으로 시청할 수 있게 됐고, 이런 서비스를 세공

하는 인터넷 사이트 역시 급증했다. 2007년 12월 당시 광전총국과 정보산업부信息産業部의 결정에 따라 인터넷 콘텐츠 제작 단위와 개인에게 "정보네트워크를 통해 유통되는 시청각 프로그램에 관한 허가증信息網絡傳播視聽節目許可證"에 의거한 활동을 허용했다.[131] 이는 인터넷 활동이 정보산업이라는 면 외에도 미디어적 특징과 내용을 포함하기 때문에 미디어 관리에 상응하는 콘텐츠 관리까지 망라한다. 즉 뉴미디어 출현과 그에 따른 새로운 콘텐츠 출현의 생성적 흐름을 제도화 및 규범화로 수렴한 것이다.

2009년에는 정보산업부와 국무원 정보화 공작판공실信息化工作辦公室의 업무를 통합해 공업정보화부工業和信息化部로 거듭났고, 인터넷 산업의 기술적인 부분과 내용을 함께 관리 감독할 수 있도록 했다. 2010년부터 중국 정부는 통신, 텔레비전, 인터넷을 동시에 연결하는 네트워크 구축 작업三網融合을 시작으로, 다양한 미디어 기술과 서비스가 융합할 수 있도록 국가사업을 추진했다. 이와 함께 광범위한 콘텐츠 관리 감독의 필요성이 제기됐다. 인터넷이 신문, 뉴스, 출판, 텔레비전, 라디오 등 다양한 미디어를 포

---

131 2009년 3월 중국 국가광전총국은 인터넷을 통해 방영, 전파되는 영상물에 관한 내용 관리 규정인 "인터넷 시청각 프로그램 내용 관리 강화에 관한 통지關與加强互聯網視聽節目內容管理的通知"를 발표했다. 기본적으로 텔레비전 드라마와 프로그램, 영화에 적용한 내용 관리 기준이지만, 특별히 MTV, 단편극, 애니메이션과 만화, 개인 제작 영상 콘텐츠에 대해 관리 인원을 별도로 두어 긴급 관리, 대처할 것을 명시했다.
http://www.sarft.gov.cn/art/2009/3/30/art_110_4636.html (검색일: 2016.9.5)

함하기에 '사상 안전'에 대한 관리를 체계화·규범화해야 하는 과제에 직면한 것이다. 시진핑 정부 출범을 알리는 중국공산당 제18차 전국대표대회 직후 광전총국은 18대 회의의 주지를 살려 톈진, 상하이, 광저우, 시안에서 인터넷 시청각 프로그램 관리 건설 좌담회를 개최하고, 심층적인 관리 방안 규정을 내놓았다.[132] 즉 웹드라마網絡劇 및 마이크로영화微電影[133] 관련 회사單位와 그 종사자들은 국가가 요구하는 교육 과정을 이수해야 하고, 소정의 자격 기준에 합격한 사람들이 포함되어야 하며, 관련 허가증을 소지해야 한다는 규정이다. 또 인터넷에 게시되는 모든 영상물은 사전에 내용 심사를 거쳐야 했다.[134] 인터넷 콘텐츠 생산 인력이 국가의 자격시험을 통과해야 하고, 허가증에 의거한 제작 활동만 허

---

132 "인터넷 텔레비전 프로그램 구축 및 관리에 관한 회담網絡視聽節目建設與管理座談會"(2012.11.30~12.21) 결과, "웹드라마, 마이크로영화 등 인터넷 시청각 프로그램 관리에 관한 진일보 강화 관리 통지關與進一步加强網絡劇,微電影等網絡視聽節目管理的通知"(廣發 2012년 53호)를 발효했다. 이를 더욱 강화, 체계화한 "웹드라마, 마이크로영화 등 인터넷 시청각 프로그램 관리 완성을 위한 보충 통지關與完善加强網絡劇,微電影等網絡視聽節目管理的補充通知"(新廣電發 2014년 2호)가 있다.

133 동영상 웹사이트 또는 영화 제작사가 인터넷 방영을 목적으로 제작 배급한 것이다. 초저예산 투자로 이루어지며, 러닝타임 30~60분, 제작 기간 2주 정도로 보통의 영화보다 짧다. 주제는 공익활동, 교육, 유행, 유머와 풍자 등으로 다양하며, 단편 혹은 시리즈로도 제작된다. 2016년 이후 인터넷 플러스 정책이 활성화되면서 본격적으로 발전했다. 러닝타임은 대체로 60분 정도이고, 중국 내 다양한 인터넷 플랫폼의 직접 투자, 배급, 상영이 보편화됐으며, 점차 유료 서비스로 전환하고 있다.

134 웹드라마, 마이크로영화 역시 텔레비전 드라마나 영화와 마찬가지로 중대 혁명 역사 제재와 관련된 것은 따로 규정을 두어 특별 관리한다.

용한 것은 자생적으로 출현한 드라마 제편인 제도가 제도권 내부로 진입하는 과정과 매우 흡사하다.

2013년 3월 10일 개최된 양회兩會에서 대략 두 가지 정치적 변화가 제시됐는데, 새 정부를 이끄는 지도자들의 구성을 새로이 하는 것과 제도에 관한 대대적인 개혁이다.[135] 이에 따라 문화 정책, 관련 기구, 조직이 대폭 조정됐다. 특히 인터넷과 핸드폰의 내용 및 이데올로기 관리 감독의 중요성이 강조됐다. 광전총국이 미디어 관련 기관인 출판서出版署와 병합하면서 신문출판라디오영화텔레비전총국新聞出版廣播電影電視總局이 출범했다. 뉴스, 출판 및 인쇄물과 기존 영상 미디어를 비롯해 뉴미디어를 포함함으로써 내용의 관리 감독 범위를 대폭 확대, 강화했다. 기존에는 신문출판총국이 인쇄 미디어를, 광전총국이 전자 미디어를 관리 감독했지만, 뉴미디어가 이 두 영역을 망라할 뿐만 아니라 미디어적 특징과 이데올로기적 가치를 전부 포함하기 때문에 두 기구를 병합함으로써 관리 감독 권한을 더욱 강화한 것이다. 여기서 총국이라는 이름하에 신문, 출판, 라디오, 영화, 텔레비전 부문이 나뉘어 공존, 협력한다. 또한 일찍이 신문 출판 부문과 문화 부문이 온라인게임 감독권을 두고 경쟁했고, 광전총국과 정보산업부가 미디

135　王正鵬, 「中國國務院機構改革方案點評」, 『뉴욕타임스 중문넷』, 2013.3.12.
　　　http://cn.nytimes.com/china/20130312/cc12wangzhengpeng/print (검색일: 2015.9.15)

어 융합 주도권을 두고 경쟁했다. 이는 산업과 이데올로기를 분리해 관리하려는 중국의 특수한 관리 제도의 특징을 보여 주지만, 국가가 직접 모든 미디어를 통합 관리하는 방향으로 나아갈 것이 예측된다. 따라서 이 과정은 산업과 이데올로기, 기술과 정신을 통합 관리하기 위한 과도적 단계라고 볼 수 있다.

이러한 전환은 문화 정책 방향을 결정짓는 중요한 회의인 전국선전사상공작회의(全國宣傳思想工作會議, 2013.8.19)[136]의 상화講話 내용에서 잘 나타난다. 우선 이데올로기적 과제는 공산당의 핵심 과제인 경제 건설과도 비견되는 중요한 과제임을 분명히 하며, 다양한 문화 침투에 대항해 내부 결속을 강화하기 위해 문화와 이데올로기 정책의 주체임을 확고히 하고 있다. 또한 인터넷과 핸드폰을 비롯한 다양한 미디어 영역의 통제와 감시 강화도 강조한다. 이는 당의 영도와 중국 사회주의 제도 기반에 영향을 미칠 수 있는 모든 언론과 문화적 콘텐츠를 포함한다. 그리고 인터넷을 여론의 투쟁 장소로 설정해 이데올로기 감시와 내용 통제를 더욱 엄격히 할 것을 언급했다. 특히 인터넷 영역을 세 가지 지대(홍색, 회색, 흑색 지대)로 설정해 사상과 언론 통제의 방향성과 전략을 확고히 했다. 전국사상공작회의가 정한 바에 따르면, 흑색

---

136 神華網, 「深入學習貫徹習近平總書記重要8·19講話精神」, 2013.9.25.
http://news.xinhuanet.com/politics/2013-09/25/c_125444415_2.htm (검색일: 2016.7.13)

지대는 국가사상 안전에 위협이 되는 내용을 담은 것이며, 홍색 지대는 국가 이데올로기의 주진지主陣地, 회색 지대는 홍색 지대와 흑색 지대의 중간 지대다. 웹의 모든 활동 내용이 기록 및 수집되어 데이터베이스화되는 '총기록사회'에서 이러한 관리 강화는 인터넷을 전면 통제하고 네티즌의 자발적 검열 체제를 갖추게 하려는 중국식 미디어 관리 모델을 보여 준다.

새로운 개혁과 전환의 시기를 맞아 내부 결속과 정부의 강력한 리더십이 요구되는 상황에서 중국 정부의 다양한 미디어와 언론 통제 경향은 더욱 두드러질 것으로 보인다. 중국은 강력한 통제와 규제를 바탕으로 제도 개편과 개혁을 단행하며, 그간 지원 위주의 문화 정책에서 강화된 통제와 검열 정책으로 전환하고 있다. 이는 더욱 전면적이면서도 네티즌의 무의식적인 부분을 포함한다. 그중 중국식 관리 체제인 '정부–시장 관제'는 여전히 유효하게 작동한다. 즉 중국은 뉴미디어의 제도화 및 규범화 과정을 마련해가는 과도기적 단계에 있지만, 기술적·사상적 영역을 모두 아우르는 전면적인 관리 방식으로의 변화를 시도하고 있다.

3) 인터넷 동영상 플랫폼의 웹드라마

① 인터넷 동영상 플랫폼과 웹드라마 등장

처음에 유쿠優酷, 투도우土豆, 아이치이愛奇藝 등 인터넷 동영상 플랫폼은 네티즌이 제작한 2차 창작물을 공유하는 공간으로 시작했다. 드라마, 영화, 오락 프로그램 등 다양한 영상 미디어 콘텐츠를 오려 붙이고 편집하는 2차 창작은 폭발적인 풀뿌리 미디어의 양적 성장을 가져왔다. 풀뿌리 미디어는 전문성을 갖추지 않은 여러 계층과 직업의 사람들로 구성되며, 시청과 공유뿐 아니라 댓글 달기와 평론, 직접 제작에 이르기까지 다양한 활동으로 만들어진다. 그들은 주로 개인이나 소규모 그룹 활동을 통해 2차 창작물을 제작한다. 이러한 개인의 욕망이 네트워크로 수렴되면서 참여-생산 활동을 통해 자신만의 문화상품(혹은 비상품)을 생산하며, 주로 전용appropriation과 브리콜라주bricolage 형식의 모방을 통해 새로운 창작물을 창출한다.

이들이 주로 이용하는 1차 텍스트는 몇 세대에 걸쳐 유전流轉된 경전적 작품이나 시대를 풍미한 시청률 높은 영상 작품들로, 풍자, 조롱, 짓궂은 장난을 통한 왜곡, 유머 등을 보여 준다. 가령 〈황제의 딸〉, 〈서유기〉, 〈당백호점추향唐白虎点秋香〉 등 1차 텍스트의 유명한 장면과 대목이 네티즌이 생산하는 2차 창작의 원료 및 재료가 된다. 아즈마 히로키는 이런 1차 텍스트의 거대한 집합을 원서사의 부분들이 모인 '데이터베이스'라 표현했다. 이러한 '데이터베이스 소비'는 인터넷 미디어 등장 이후 풀뿌리 미디어 제작의 중요한 형식으로 자리 잡았다. 이 방식은 인터넷소설 등 민간 참여적 콘텐츠 생산 방식에서도 공통으로 발견된다. 이처럼 새로운 미디어 출현 이후 인터넷 동영상 사이트, 인터넷소설 사이트 등 사이버 공간을 중심으로 운영되는 문화 콘텐츠가 플랫폼 문화 산업과 경제를 형성했다.

인터넷 플랫폼 중심의 문화 콘텐츠는 청년 하위문화와 다양한 주변 문화를 흡수하며 대중문화에 끊임없는 생명력과 활력을 부여하고 있다. 이들은 문화의 소비자이자 생산자이며, 시청자이자 제작자이기도 하다. 청년 문화의 언어 형식, 문화, 유행 등은 다양한 콘텐츠로 표현되며, 하위문화와 주변 문화가 주류 대중문화의 장으로 진입할 수 있게 되었다. 인터넷 동영상 사이트는 풀뿌리 미디어의 플랫폼 역할뿐 아니라, 새로운 제작 플랫폼으로서 문화 콘텐츠 생산자 역할을 자임한다. 인터넷 동영상 사이트는 공영 미디어의 판권을 계약해 프로그램을 재생하고, 이에 따른 광고 수익을 주요 수입원으로 삼았지만, 이후 동영상 플랫폼이 자체적으로 자본의 투자를 유치해 콘텐츠 생산에 직접 참여했다. 이러한 콘텐츠는 동영상 플랫폼 재생 환경에 최적화되면서 영상 길이, 시리즈 및 회차, 화질 등 새로운 영상 규격과 형식을 탄생시켰다. 동영상 플랫폼의 자체 제작 콘텐츠는 상품 광고가 TV 광고보다 긴 스토리텔링을 사용하면서 15~30분의 짧은 단막극 형태로 출현했다. 이후 30~45분의 마이크로영화 형식과 회당 30분 내외의 마이크로드라마微電視 형식이 나타났다. 또한 동영상 플랫폼 자본이 투자하고 텔레비전 드라마 제작사와 공동 제작해 텔레비전과 동영상 플랫폼에 동시에 방영하는 등 1인 미디어 시대에 발맞춰 방영 방식을 다변화하고 있다.

인터넷 동영상 사이트는 원래 미디어로 관리되지 않고, IT산업과 3차산업으로 분류되다가 미디어, 즉 내용 관리의 중요성이 대두되면서 관리 시스템을 형성했다. 이러한 관리 시스템은 텔레비전·영화와 같은 주요 미디어 관리 제도와 마찬가지로 검열과 내용 심사 등 점차 체제 내 관리 시스템과 이데올로기 내부로 수렴됐다.

② 웹드라마와 청년 하위문화

인터넷 동영상 사이트의 2차 창작물에 조회 수에 따른 광고가 삽입되면서 커뮤니케이션과 인터페이스가 결합한 영리 모델이 형성됐다. 또 네티즌의 참여도가 높고, 제작과 조회, 공유가 용이해서 청년 하위문화와 인터넷 문화가 결합한 특유의 콘텐츠와 표현 방식이 등장했다. 웹드라마는 본래 네티즌의 언어, 표현 방식, 교류를 바탕으로 뉴미디어 형식에 따라 생겨났지만, 점차 경제적 수익을 창출하는 콘텐츠로 성장해 기존의 텔레비전 미디어와 융합하며 시청자와 만나는 경로가 다양해졌다.

초창기 인터넷 동영상 플랫폼의 자체 제작 드라마는 적은 자본으로 빠른 시간에 제작할 수 있는 것으로, 완성작을 방영하는 텔레비전 드라마와 달리 시청자의 반응을 실시간으로 감지해 나음

회차나 유사 장르 제작에 반영할 수 있다는 장점이 있었다. 물론 광전총국의 결정에 따라 네티즌이 제작한 콘텐츠와 자체 제작 콘텐츠는 심의를 거쳐 업로드할 수 있었지만, 종류가 워낙 많고 주류 미디어처럼 심사가 엄격하지 않아 상대적으로 자유로운 편이었다. 그러나 시간이 지남에 따라 라디오, 텔레비전, 영화에 국한됐던 심의 과정이 신문, 출판 등 활자와 내용으로 구성된 미디어에까지 범위를 확대하면서 인터넷 동영상 플랫폼 자체 제작 드라마 역시 심의를 거쳐야 하는 것으로 제도가 정비됐다. 2차 창작물뿐 아니라 개인 미디어 생산 콘텐츠 가운데 뉴미디어의 영향력 있는 인물이란 의미에서 '왕훙網紅'이라는 신조어가 생겨났고, 이들이 이끄는 미디어 경제를 '왕훙경제網紅經制'라 일컬을 정도로 그 규모가 성장했다.

2013년 인터넷 동영상 플랫폼이 자체 제작한 초기작 가운데 〈정말 의외인걸萬萬沒想到〉[137]을 살펴보자. '萬萬沒想到'는 중국어로 황당하거나 어이없는 일에 대한 감정을 표현할 때 쓰는 말이다. 이 작품은 각종 드라마와 영상의 에피소드를 짜깁기하고, 고의적으로 엉성하게 편집해 B급 감성을 나타냄으로써 시사적인 문제

---

137   유쿠가 후난위성텔레비전, 완허톈이萬合天宜公司의 투자를 받아 함께 제작한 첫 웹드라마다. 웹드라마 〈댜오쓰남屌絲男子〉와 더불어 2013년 방영 당시 인기 웹드라마 순위 1위, 3.39억 뷰(2013년 12월 11일까지의 통계)를 기록한 바 있다. 이후 텔레비전 드라마로도 제작되어 2014년 신년드라마賀歲劇로 방영됐다.

를 가벼운 터치, 풍자, 해학, 유머로 표현한 전형적 하위문화의 특성을 보여 준다.

이 작품은 유쿠와 베이징의 유니미디어UniMedia가 공동 출자한 작품으로, 매회 5분 정도 분량이 일주일에 두세 편씩 업로드된다. 특히 주인공 왕따추이는 '댜오쓰'라 불리는 청년으로, 취업, 인간관계, 학교생활, 연애 등 다양하게 맞닥뜨리는 현실 문제를 무표정하게 비꼬거나 풍자하는데, 정치에 무관심하고 냉소적인 젊은 세대의 곤혹함과 무력감을 동시에 표현했다. 드라마 〈삼국연의〉, 〈서유기〉 등의 인물 특성을 인간관계에 투영한 부분, 유명한 대목들을 풍자하고 비유한 부분, 영화 〈영웅〉과 〈해리포터〉 등의 명장면을 패러디한 부분도 눈에 띈다. 홍콩 영화배우 저우싱츠周星馳의 독특한 유머감과 엉뚱한 행동으로 웃음을 유발하는 것을 '우리터우'라 하는데, 저우싱츠 식의 우리터우 코드 역시 젊은 세대의 감각을 반영하고 공감대를 얻는 효과 중 하나다. 엉성한 특수 효과나 제작 과정의 실수를 고의로 노출해 기존 완성작이 갖는 진지함에 저항하고, 인터넷 유행어와 통속어를 구사함으로써 젊은 세대의 소속감과 문화적 특징, 개성을 드러낸다. 이는 웰메이드 스토리의 완전성과 무결함에 대한 저항적 하위문화의 표현으로, 브리콜라주, 모방, 패러디, 전용轉用[138] 등의 방식을 사

138　어느 대상이나 사건을 전혀 다른 맥락으로 사용함으로써 본래 의미를 낯설게 함과 동시

용한다.

이 밖에도 웹드라마 〈상은上隱〉(2016, 중국 내 인터넷 동영상 플랫폼 동시 방영)처럼 공영 미디어에서 좀처럼 다루어지지 않는 동성애를 소재로 한 작품이 시청자의 관심을 받는 등 청년 하위문화의 표현 영역이 대중적 미디어로 진입하는 사례를 발견할 수 있다. 또한 최근 〈태자비승진기太子妃升職記〉(2016, 러스왕樂視網)는 동명의 인터넷소설을 저본으로 제작된 고장극으로, 여주인공이 고대 황궁으로 시공초월한 뒤 황후가 되기 위해 고군분투하는 내용을 코믹하게 연출해 많은 인기를 얻었다. 학원 성장물 〈참 좋은 우리最好的我們〉(2018, 아이치이)은 인터넷 이용이 좀 더 자유로운 시청자를 겨냥해 제작한 작품으로, 십대들의 인기를 얻었다. 〈도굴필기〉(2014, 아이치이)는 인터넷소설에서 '도굴문학' 장르 붐을 일으킨 귀취등鬼吹燈의 작품을 시즌제로 제작한 시리즈물로, 두터운 독자 팬 층을 타깃으로 제작됐다. 고대 무덤을 도굴하며 겪는 신기한 일과 모험담을 다룬 이 작품은 원작 소설 팬을 위해 제작됐다는 점에서 인터넷 문화와 청년 하위문화를 대중 미디어로 표현해 대중문화 저변을 확대하는 데 기여했다.

웹드라마는 인터넷 플랫폼을 중심으로 저비용과 단기간의 제작시간이라는 특징을 가지고 미디어 환경에 맞는 길이와 가벼운

에 웃음을 유발하는 방식으로 사용되며, 풍자와 해학의 효과를 발생시킨다.

소재로 시작하며, 이후 영상 콘텐츠 제작사와 인터넷 동영상 플
랫폼이 결합해 인터넷소설, 문학 작품 등을 저본으로 텔레비전
드라마와 같은 규모의 작품으로 성장하고 있다. 또한 정해진 시
간에 방영되는 텔레비전 미디어보다 시청자의 접근도가 높기 때
문에 텔레비전 드라마 역시 제작 단계부터 인터넷 플랫폼 방영을
염두에 두는 경우가 빈번해지고 있다. 미디어 기술 발전과 이용
환경 변화는 다양한 하위문화와 취미 대중의 활발한 참여를 이끌
고 있으며, 대중문화 발전의 새로운 동력으로 작용하고 있다.

9. 드라마 소비 주체로서의 당대 중국 청년

중국 청년의 대표라 할 수 있는 80후, 90후는 누구인가? 그들은 중국 사회주의혁명을 겪은 세대의 자녀 세대들로, 사회주의혁명과 투쟁 혹은 전쟁의 경험이 없으며, 시장 자본주의의 혜택을 받아 소비를 주도하고 다양한 문화 현상에 적극적으로 참여하는 세대다. 특히 인터넷 미디어를 통한 전자 미디어의 접근도와 활용 능력이 뛰어나서 인터넷소설, 웹드라마를 포함한 다양한 영상 미디어 콘텐츠의 생산자이자 소비자이기도 하다. 당대 중국 청년은 누구이며 이전 시기 청년들과는 어떤 차별점이 있는지, 그리고 어떤 삶의 태도를 가지며 그들이 참여하는 문화 현상이 어떻게 드러나는지 살펴보자.

청년은 어떤 사람인가? 근대 초기는 전 세계적으로 새로운 모순이 생겨나고, 과거와 단절하고 새로운 것을 창조하려는 끊임없는 열정과 에너지로 응집된 시기였다. 이 시기 '청년'은 새로운 국가, 사회, 정치, 문화 창조의 낙관적 전망에 의해 호명된 저항과 파괴, 창조와 열정의 주체였다. 그리고 사회 문제를 통해 정치와 연대의 양식을 끊임없이 발명하며 역사의 변곡점을 그리는 저항의 상징적 주체였다. 청년들의 20세기는 국가와 개인의 관계가 비교적 단단했고, 자본과 노동력의 결속도 견고했다. '청년'은 국가의 주인으로서 국가 발전을 이끌었고, 민족 문화 창달을 위한 참여의 열정으로 단결된 거대한 변혁의 에너지였으며, 창조적인 파괴자였다.

그러나 21세기 청년들은 치열한 생존 경쟁과 미래에 대한 불안감에 시달린다. 청년들은 더 이상 공동체 의식과 공동의 이익을 통한 구심점을 만들지 않으며, 각자 존재하는 우리로, 홀로 소멸하는 개인으로 파편화됐다. 이는 문화 현상에서 더 뚜렷이 드러나는데, 저항과 반항의 하위문화는 취향과 개성으로 소비되고, 청춘은 상품화된다. 이상주의와 계몽주의로 가득 차 있던 반항정신은 속물적 정서에 길들고, 청년은 먹고사느라 바쁜 '속물'이 되었다. 그리고 이 속물 대열에서 밀려난 이들은 그 대열에 참여하길 바라는 '잉여'가 되었다. 내재적 반성과 성찰을 통해 성숙한 청년은 다양한 문화적 특성과 세대 구분에 의해 지칭되며, 대중문화 소비의 주체가 되었다.

이 장에서는 당대 중국에서 관찰되는 대중문화 현상을 통해

'80후, 90후 세대'인 청년 주체가 잉여와 속물로 조락凋落했음을 살피고자 한다. '청년의 소멸'이라는 현상 뒤에 근본적으로 존재하는 노동의 유연화 현상을 세계 경제 변화와 중국의 특수 상황에 기인해 설명하며, 이를 통해 형성된 치열한 생존 경쟁과 불안정의 정서를 분석한다. 속물과 잉여로 파편화된 개인은 사회 질서와 체제에 스스로 순응하는 태도를 보이는데, 이는 생명 권력으로서 '사목적司牧的 권력'의 형태로 드러난다. 이를 반영하는 징후가 바로 '귀여움을 선호하는 문화萌文化'139의 유행이라고 할 수 있다. 그리고 마지막으로 속물화된 당대 사회에 과연 정치가 존재할 수 있는지를 검토한다.

1) 문화의 창조자에서 소비자로

지난 20세기는 청년의 시대였다. 청년이 사회적 계층으로 등장한 것은 산업혁명 이후 근대가 시작되면서부터다. 그들은 자본주의의 모순을 극복하고 노동자의 권리와 권익을 보호하기 위해 서

---

139 일본 만화 캐릭터 선호와 이에 대한 파생문화로서 하위문화를 가리키는 '모에萌え'라는 말이 있다. 이러한 일본 문화가 2010년대 중반부터 중국 네티즌 사이에 광범위하게 차용되고 확산됨에 따라 애니메이션 캐릭터 소비, 코스튬플레이 붐이 생겨났고, 점차 '젊고, 어리고, 귀여운' 대상의 선호를 넘어 이러한 태도와 매너를 갖추는 것의 선호로 더욱 대중적 차원의 문화적 감각으로 확산됐다. '멍萌'이라는 말는 본래 맹아, 새싹, 어린 것이라는 뜻인데, 귀여움을 선호하는 문화적 감각, 즉 관련된 취미, 태도, 유행 등을 통칭해서 쓰게 되었다. '멍'은 일본의 '모에'에 해당하는 중국어 발음이다.

로 집결하며 거대한 하나의 정체성 덩어리를 형성했다. 이렇게 서구에서는 노동자 권익 운동으로부터 청년의 사회적 지위가 생성됐지만, 한국과 중국 등 동아시아에서는 제국주의와 식민정치에 저항하는 동시에 현대화의 영향력에도 맞서야 했다. 그렇기에 동아시아 청년들은 반제 반봉건을 함께 추구해야 했고, 이와 더불어 입국立國과 새로운 문화 건설의 사명을 지닌, 서구식 고등 교육을 받고 비판 정신으로 무장한 엘리트 학생들이 주류를 이뤘다. 중국의 5·4운동과 한국의 3·1운동 역시 이러한 역사적 맥락에서 이해할 수 있다. 중국 청년은 "미숙한 유년기(전근대)에서 벗어남(각성/성장)과 동시에 과거와의 단절을 통한 미래 건설이라는 사명을 부여받으며 새롭게 소환"됐다.[140] 이들은 격동의 20세기를 이끈 저항과 투쟁, 창조적 열정의 주체였다. 20세기 초 제국 열강의 침략으로부터 나라를 지키고자 한 구망救亡과 입국의 주체였고, 새로운 문화와 시대를 열어가는 창조적 열정의 신청년新靑年이었다. 때로는 과거와 철저히 단절하려는 창조와 파괴의 열정을 분출시키기도 한 운동의 주체였다. 또한 개혁개방의 새바람을 타고 서양의 사조와 사상을 배워 사회와 문화 건설에 참여한 문화열의 주체였다. 정치 민주화 열망이 억압에 부딪힌 그들은 반성

---

140 민징기, 「梁啓超의 '少年中國設' 독해-'소년/청년' 소환의 중국적 맥락에 대한 고찰」, 『중국현대문학』 50집, 2009년 9월, 7~8쪽.

을 통한 사회 변혁의 추동력으로서, 정치적 삶의 창조자로서 그 사회적 지위를 확보했다.

세계 근대 자본주의 축적 순환의 형성과 해체가 몇 번 반복되고, 동아시아를 비롯한 현재의 우리 시대 역시 이 세계사적 자장에서 20세기 중반으로 진입했다.[141] 산업 발전이 가속화되면서 자본을 부단히 재생산하며 축적해야 했고, 고용 가능한 노동자가 필요했다. 노동자 역시 현대화 추세에 맞춰 도시로 대거 유입되면서 일자리가 필요해졌다. 자본과 노동의 결합이 상호 의존적으로 강화되기 시작했다. 기업은 성장을 위해 노동자 지배와 억압을 서슴지 않았으며, 이것이 노동자가 서로 결속해 자기 요구를 키울 수 있는 장을 형성했다. 노동조합이 생겨났고, 무력한 개인이 단결해 단체협상력을 만들어 정당한 노동자의 권리를 찾기 위해 투쟁했다. 정치 민주화를 위해 단결할 때도 마찬가지였다. 이들은 공동체 의식이 있었으며, '공동의 이익'이라는 구심점이 있었기에 정치적 지향성을 띨 수 있었다. 이들의 문화는 전 세계적으로 '청년 문화'로 불리며, 저항과 젊음의 상징이 되었다.

이후 세계는 자본과 노동의 강력한 결합에 의해 유지된 '무거운 근대' 혹은 '정통 자본주의'의 질서를 빠르게 벗어났으며, 둘의 관

---

141 강내희, 「근대 세계체제에 대한 68혁명의 도전과 그 현재적 의미」, 『문화과학』, 2011년 9월, 문화과학사, 57~89쪽.

계가 느슨해진 '유연성'의 시대, 즉 "유동적 근대"에 진입했다.[142] 중국은 개혁개방 이후 약 30년간 놀랄 만큼 빠른 속도로 자본 축적 과정을 달성했다. 도시화와 중국식 시장경제가 수반하는 부작용과 위기를 극복하기 위해 농촌 노동력이 조국의 현대화와 경제 발전에 자발적으로 동원됐고, 국가 역시 혁명 이데올로기를 통해 대중 동원을 설득하며 국가의 기초 자본을 집중적으로 건설했다.[143] 토지는 국가에 의해 자본으로 전환할 수 있는 동원 가능한 자원이었으며, 토지에 대한 집체적 소유권이 점차 와해됨에 따라 농민이 토지로부터 유리됐다.[144] 이로 인해 '80후', '90후' 농민공이 고향에 토지를 보유한 이전 세대의 도시 농민공들과는 달리

---

142 "무거운 근대"는 지그문트 바우만의 "액체 근대", "유동적 근대"와 구분되는 '전통 시장주의'를 일컫는다. "액체 근대" 혹은 "유동적 근대"란 '자본과 노동이 완전히 결별한 유동적인, 분산된, 흩이진, 탈규제적인 근대성'의 시기를 말한다. 자본과 노동의 관계 변화에 대한 지그문트 바우만의 논의는 「노동의 흥망성쇠」 참고. 지그문트 바우만, 홍지수 역, 『방황하는 개인들의 사회』, 봄아필, 2013, 33~53쪽 요약 발췌.

143 원톄쥔, 김진공 역, 『백년의 급진』, 돌베개, 2013, 53쪽 요약 발췌.

144 중국은 2003년 집체토지승포법을 선포하면서 새로 증가한 농촌 인구에게 더는 토지 분배를 하지 않기로 했다. 본래 토지승포법이란 국가 소유의 토지를 농사짓는 농민에게 분배하는 것이었으나 분배할 토지가 점차 고갈되고, 정부의 도시화 정책과 이에 따른 대규모 염가 노동력 확충이 시급해지면서 새로 증가하는 농촌 인구에 토지를 분배하지 않기로 결정한 것이다. 또한 농촌에서도 농경 소득으로 의료 및 교육 비용을 충당하기에 역부족이어서 새로운 일자리를 필요로 했다. 집체토지승포법 실시는 토지를 분배받지 못한 많은 젊은 농촌 인구의 도시 이동을 촉진했고, 도시화를 추진하는 정부 정책에도 부합했다. 이로써 농촌 인구는 빠른 속도로 토지에서 유리됐으며, 도시 노동자로 변모하게 되는 계기로 작용했다. 원톄쥔, 김진공 역, 『여덟 번의 위기: 현대 중국의 경험과 도전, 1949~2009』, 돌베개, 2016, 72쪽.

오로지 노동력만 보유한 도시의 유동 인구로 전락했다. 이들 중 일부는 도시 1세대 농민공의 자녀 세대이거나 고향을 떠나 대도시에서 대학 교육을 마치고 취업한 화이트칼라 계층이다. 이들은 도시에 거주하며 언제든 대체 가능한 노동력 저수지가 되었고, 계층 간 갈등, 거주, 빈부격차 문제는 점차 "자본과 노동의 대립적 모순으로 변화"했다.[145]

다른 한편으로, 도시를 중심으로 현대화와 경제 발전에 치중한 이른바 중국식 시장주의가 전 지구적 경제 질서에 편입되면서 금융 경제를 중심으로 한 신자유주의적 경제 질서에 서서히 진입했다. 노동자들의 의식 향상과 정당한 권리 획득이 완전히 이뤄지지 않은 상황에서 중국은 빠른 속도로 세계 경제 구조로 재편했다. 당대 사회 금융 경제의 전 지구적 확산은 자본과 노동의 결속력을 약화시키고, 유연한 노동력을 만들어 냈다. 중국은 고속 성장의 자본 축적 시기를 지나 중저속 성장 시대로 접어들었으며, 자본과 노동의 결속은 느슨해졌다. 금융자본 과잉으로 주식시장을 통해 넘쳐나는 잉여자본이 부동산 개발과 투기를 부추겼고, 이로 인해 돈이 돈을 낳는 승자독식 모델의 결과물인 '졸부' 층이 형성됐다. 또한 사회 질서가 점점 견고해지고 경쟁이 치열해진 반면, 노동 유연화가 단기 고용과 불안정 고용의 형태로 드

145　원톄쥔, 김진공 역, 『백년의 급진: 중국의 현대를 성찰하다』, 돌베개, 2013, 56쪽.

러났다. 수많은 자살자를 양산한 중국 전역의 폭스콘 공장은 이러한 경제체제에서 노동자가 얼마나 쉽게 착취당하고 해고당할 수 있는지를 보여 준다. 그곳 노동자들은 회사가 어떤 결정을 내리든 조직적으로 저항할 의지나 능력이 없으며, 회사를 그저 잠시 머물다가 언제든 떠날 수 있는 일자리라고 생각한다.[146] 서로에 대한 믿음과 헌신이 구심점이 되던 사회주의 집단 체제는 와해했다. 도시의 화이트칼라도 마찬가지다. 미래에 대한 불확실성은 불안감을 양산했고, 이는 화합보다 소극적 개인을 만들어 냈다. 두려움, 걱정, 불만의 정서가 만연해졌고, 정치 참여와 저항의 낭만적 열망이 생존의 늪에 매몰되어 생기를 잃었다. 전 세계적으로 청년의 시대가 막을 내렸다는 우려의 목소리와 함께 중국에서도 청년이 사라지고 있다는 비관적 논조가 나오기 시작했다.

저항과 창조적 열정으로 가득했던 청년의 몰락은 특히 대중문화 현상에서 두드러진다. 중국의 청년은 5 · 4운동 이후 중국 현대의 역사 과정에 참여했다. 그들은 문화대혁명의 '홍위병'이든, 상산하향의 '지식 청년'이든 중국 사회주의혁명에서 중요한 역할을 했으며, 개혁개방 이후에는 사회주의 신시기 건설이라는 과업에 동원됐다. 그리고 1990년대에 이르러 대중문화의 주체로 문화

146 　폭스콘 공장 노동 현장에 관한 내용과 노동자 인터뷰 참고. 呂途, 『中國新工人；文化與命運』, 法律出版社, 2015, 3~20쪽.

적 신분을 갖추면서 정치, 문화 등 권력관계에서 중요한 역할을 맡았다.[147] 그러나 21세기 당대 중국 청년들은 이전 청년 세대와는 달리 자본과 노동의 모순을 바탕으로 형성된 '노동자로서의 자기 인식'을 갖췄음에도 불구하고 '노동자 문화' 혹은 '노동 문화'의 형성으로까지는 이어지지 못했다. 이제 대중문화는 더 이상 청년 문화로 일컬어지지 않으며, 청년의 저항과 하위문화의 다양한 특징마저 청춘을 소비하는 심미적 감성으로 대체됐다. 21세기 들어 하위문화, 엘리트문화, 유행문화, 저항문화 등이 개성 추구와 개인적 취향 표현이라는 상업적 대중문화의 하위 범주로 포함되면서 그 경계가 모호해졌다.[148] 그리하여 청년 문화가 가진 이상주의와 계몽주의 색채가 연기 속으로 사라졌다.[149] 대중문화 영역에서 청년 문화는 취향과 개성을 소비하는 '청춘 문화'로 대체됐다. '청춘'은 상품화되고, 청년은 이제 '청춘 문화'의 소비자가 되었다.

---

147   葛红兵 · 姚新勇 · 王韬, 「九十年代青年本位文化三人谈」, 『青年探讨』, 1997年04期, 4쪽.

148   趙雅妮 · 劉海, 「青年文化的變奏:從青年的反叛到青年審美的文化消費」, 『北京青年政治學院學報』, 2012年01期, 35쪽.

149   周誌強, 「青春文化高開青年文化低走」, 『東方早報』, 2009.5.4.
       http://news.sina.com.cn/pl/2009-05-04/083517739436.shtml

2) 당대 중국 청년의 분화

① 자본주의가 길러낸 80후·90후 세대

청년이라는 말은 이전만큼 반항과 정치적 지향성을 드러내지 않는다. 물론 지식 청년과 분노하는 청년의 줄임말인 '지청^{知靑}'과 '분청^{憤靑}'이라는 말도 있다. 그러나 이 말은 당대 중국 사회에서 거의 비슷한 맥락으로 쓰이는데, 바로 시대 흐름과 맞지 않는 사고방식에 파묻혀 있거나 자신이 처한 상황에 불만을 쏟아 내는 도시 청년을 지칭한다.[150] 이 단어는 본연 청년의 의미보다는 주변인^{邊緣人}, 불만분자라는 부정적인 의미로 전환했다.[151] 당대 청년은 이제 정치적 지향성을 가진 청년이라고 불리기보다는 다양한 방식으로 구분되고 지칭된다.

당대 중국 대중문화 지형에서 중국 청년을 지칭하는 몇 가지 방식이 있다. 하나는 출생 집단으로 구분하는 것이고, 다른 하나는 부모 계층에 따라 부와 권력, 사회적 지위 등을 구분하는 것, 그리고 한 집단의 문화적 스타일과 생활방식, 그들만이 가진 문화적 의례 등으로 구분하는 것이다. 이 구분법에 따라 중국 청년들을 80·90후^後, 농이대^{農二代}, 부이대^{富二代}, 관이대^{官二代}, ~족^族으로

150　王建光, 「義憤:從一種群體心態到話語力量的轉變—對當代中國憤靑的一種文化解讀」, 『當代靑年硏究』, 2009年01期.

151　위의 책.

호명한다. 이러한 구분 방식은 청년이라는 말이 가졌던 저항과 변혁이라는 정치적 함의와 다르다.

'~후'는 특정 생물학적 나이 범주와 세대에 공통으로 존재하는 경험과 정서를 기준으로 구분한 것이다. 1980년대 출생자는 부모 세대와 달리 혁명과 전쟁의 경험이 없고, 개혁개방 이후 경제 발전이 시작되던 시기에 유년을, 고속 경제 성장과 연성 문화软性文化의 영향을 받은 1990년대에 10대를, 대중문화와 소비문화가 꽃피운 2000년대에 20대를 보냈다. 그렇기에 어느 정도 역사의식과 비판의식, 유연하면서도 개방적인 사고방식을 갖추고 있다. 1990년대 출생자는 고속 경제 성장 시기에 경제적으로 유복한 유년을 보냈으며, 1자녀 정책으로 인해 대부분 '소황제小皇帝'로 자라 이기적이다. 현대화와 도시화가 완성되고 뉴미디어가 발전된 환경에서 10대를 보냈다. 이들은 이전 시기보다 치열해진 경쟁과 생존에 대한 불안에 시달리며, 스타일, 경험, 정서를 바탕으로 더 세분된 집단 구성을 이룬다. 예를 들어 90후는 95후 및 00후와 구분함으로써 서로 다른 개성과 스타일, 정체성을 중시한다.

'~이대'는 부모 세대의 사회적 위치, 부와 권력에 따라 자식 세대의 운명이 결정되는 사회적 계층 간 차별적 분파로 구분된다. 특히 이러한 '이대론二代論'은 계층 간 이동이 감소하고, 계층화가 계급화로 고착한다는 사회 정치적 담론과 연결되어 있다. 비슷한 예로, 한국의 '수저 계급론'이 있다. 출신 환경에 따라 미래와 발전 가능성의 한계가 정해져 있다는 말로, 노력으로 극복할 수 없는 계층 간의 두꺼운 벽을 나타내는 말이다. 팡팡方方의 소설 『투쯔창의 비애途自强的個人悲傷』는 당대 중국의 '농이대' 청년이 어떤 노력으로도 도시에서 일상적인 삶을 누릴 수 없음을 비극적으로 그려 큰 반향을 일으켰다.

위에광족月光族, 개미족蟻族, 컨라오족啃老族, 딸기족草莓族 등의 '~족'은 영국 문화 연구 범주의 펑크족, 오토바이족, 모드족, 스킨헤드족 등 청년 하위문화의 스타일별 구성이라기보다는 삶의 방식, 일상생활 방식에 따른 분류다. '위에광족'은 한 달 수입을 그달에 전부 소비하는 소비 위주의 생활방식, 혹은 불투명한 미래에 대한 준비를 아예 포기한 젊은이들의 심리 상태를 반영한 말이며, '컨라오족'은 취업을 미루고 연로한 부모에 의존해 경제적으로 독립하지 않는 23~30세의 젊은이들을 말한다. 또한 '개미족'[152]은 도시의 복잡하고 좁은 곳에 거주하며, 직장 충성도가 높고 고된 일과 긴 노동시간도 기꺼이 감내하는 농민공, 기술직 노동자, 저소득 대학 졸업자 및 도시 서민 등 일군의 시민 계층을 일컫는다. 이들의 주거지가 도시의 비좁은 골목에 다닥다닥 붙어 있고, 생활공간이 매우 협소하다는 의미에서 '달팽이집蝸居'으로 부르기도

152　http://baike.baidu.com/item/%E8%9A%81%E6%97%8F/403?fr=aladdin (바이두 검색: 2016.10.15)

하며, 특히 저소득 직장에 종사하는 도시의 고학력 젊은이들이 모여 집단 거주촌을 형성한 곳을 '개미집蟻居'이라고 부른다. '딸기족'은 선명한 빛깔에 비해 시고 떫다는 비유로, 소비 성향이 강하고 겉모습은 화려하지만 치열한 경쟁에 시달리는 90후 젊은이들을 일컫는 말로 쓰인다.

그 밖에 소비와 안일한 생활방식을 즐기는 젊은이들을 소자산 계급의 줄임말로 '샤오쯔小資'라 부르며, 소박하고 자연스러운 청춘의 풋풋함을 표현한 '샤오칭신小淸新'은 젊음의 활력을 뜻하는 대명사가 되었다. 또 일상에서 소소한 기쁨과 만족을 누리는 생활 태도를 '샤오취에싱小確幸'이라 부른다. 당대 중국 청년은 극심한 계층 양극화와 유연한 노동 시장에서 치열한 경쟁을 통해 불안한 미래를 저당 잡힌 채 살아가며, 다른 한편으로는 상품화된 젊음과 청춘을 소비하는 대중문화적 감성을 갖고 있다.

② 자기 환멸적 삶의 주체들 : '댜오쓰'와 '투하오'

중국 사회는 1970년대 후반부터 흑묘백묘론과 선부론을 앞세워 개혁개방에 박차를 가했고, 1990년대에는 일부 경제적 성공과 사회적 지위를 획득한 '성공 인사'들이 출현해 뭇 사람들의 선망 대상이 되었다. 화려한 겉모습 이면의 소비를 위한 야심, 수단과 방법을 가리지 않는 음험함과 집요함이 잘 드러나지 않아 '반쪽 얼굴'로 불리거나, 이들이 이룬 성공을 '반쪽 얼굴의 신화'[153]라고 표현하기도 한다. 1990년대 '성공 인사'들은 자신들의 속물적 면모를 애써 감췄다. 비록 '성공 인사'가 당대 중국 사회에 출현한 속물의 원형이라 해도, 적어도 부끄러움에 기반한 자기 성찰과 반성이 있었다는 의미다. 그러나 속물적 정서는 이제 중국 사회 전반에 널리 자리 잡았디. 청년뿐 아니라 도시의 화이트칼라부터 농촌 촌부에 이르기까지 부의 축적과 사회적 지위를 위해 일생을 바치는 모습은 그 행동을 부끄러워하지 않는 정서가 형성됐음을 의미한다. 이는 개인의 사고방식, 인간관계, 생활방식 등 모든 것을 바꿔 놓았다.

현대화와 금융 경제 확산으로 막대한 자금이 필요해짐에 따라 미래 가치를 현물화하는 주식시장과 부동산시장이 폭발적으로 성장했다. 특히 이 과정에서 수많은 졸부가 탄생했다. 자신의 집이 운 좋게 재개발 지역으로 지정되면서 벼락부자가 된 경우도 있지만, 대개는 치밀한 계산으로 추세의 흐름과 유행에 편승하는 총명함을 지녔다. 또한 이들은 자본과 노동의 결속이 느슨해진 틈을 타 축적한 부를 바탕으로 임대업과 부동산 투기를 해서 또다시 돈을 불린다. 본래 문화적 바탕이 부족한 이들은 경제

---

153   시장경제 개혁 이후 출현한 신흥부유층인 '성공 인사'는 물질적 풍요와 사회적 성공으로 선망의 대상이 되었으나, 그 이면에 부패한 권력에 영합하는 불투명하고 모호한 욕망이 자리하고 있다. 왕샤오밍은 현대화의 신화를 창조한 신흥부유층의 면모를 음과 양의 두 얼굴로 표현했다. 왕샤오밍, 김명희 외 역, 「반쪽 얼굴의 신화」, 『가까이 살피고 멀리 바라보기』, 문화과학사, 2014.

적 호기를 이용해 수단과 방법을 가리지 않고 재산을 증식한 것을 자랑스럽게 여긴다. 이들에게 저속한 취향은 있어도 특별한 문화적 개성은 없다. 그러나 부유함과 고급스러움의 아비투스를 모방하고 추종한다. 이처럼 과장된 금전적 과시와 자기애가 인터넷에서 회자되며 네티즌의 빈축을 사기도 했다. 이들이 바로 당대 중국에서 '투하오土豪'라고 불리는 극단적 속물의 전형이다. 이들은 주식 및 부동산 시장에서 부를 축적했기에 개혁개방 초기 남다른 사업 수완으로 졸부가 된 '폭발호暴發戶'와는 다르지만, 그들의 문화적 취향과 금전 만능주의 태도는 공통된 뿌리를 갖고 있다.

물론 여타의 젊은 속물들도 생존 경쟁에서 승리하고 경제적 성공을 이루기 위해 자기 계발에 집중하며 직업, 연봉, 자산 가치, 심지어 몸과 외모 등 자기 계발 노력을 아끼지 않는다. 대개 자기 반성과 성찰의 진지함이 결여되어 있으며, 부를 향한 뜨거운 열정은 후안무치하기까지 하다. 이전에는 속물이 일부 인간의 특징이었다면, 속물적 정서가 전 사회를 지배하는 지금은 속물이 보편화됐다. 청년의 정치적 열정은 자본주의 대중문화 감성으로 대체됐고, 그들은 청춘 문화의 소비자가 되었다. 또한 계몽과 이상주의 대신 부의 축적과 소비를 추구하는 주체가 되면서 이들에게 구매력, 자산 가치, 사회적 지위, 연봉이 개인을 평가하는 기준이 되었다. 이러한 속물의 정서가 지배하는 사회는 체제 내에서 부

를 축적하고 향유하는 대열에 참여하려는 유예된 속물, 즉 '잉여'
를 양산한다.

잉여란 어떤 것의 남는 부분으로, 불필요하고 쓰임이 없음을
의미한다. 잉여는 체제에 포섭되어 있으나 그 속에 들어가지 못
한 불합격품이자 불량품, 찌꺼기이며, "쓰레기"와 의미론상의 공
간을 공유한다.[154] 이들은 소비 사회라는 관점에서 보면, '결함 있
는 소비자'들이며, '교역의 조건', '효율성', '생산성'을 충족시키지
못하는 배제된 집단이다.[155] 이들은 스스로 집, 사회적 지위, 돈이
없어서 미래가 불투명한 "댜오쓰(屌絲, 하찮은 존재 혹은 '루저'의 의
미)"라고 칭하며 자조한다. 세속적 가치로 평가될 수 없는 댜오쓰
는 사회의 '아무것도 아닌' 존재이자 '잉여'로운 존재다. 백욱인은
이런 잉여의 존재들을 "체제 내에 살지만, 이상한 방식으로 체제
에 포섭된 몸의 비듬 같은 존재"라고 말하며, 이들의 성향이 "마
조히즘과 사디즘을 오간다"고 평했다.[156] 댜오쓰는 투하오의 과장
된 금전 과시와 저급한 취향을 폄하하고 비난하지만, 그러면서도
부단히 노력해서 체제 내 속물이 되고 싶어 하는 자신을 조롱하
고 비하하기도 한다. 이들은 사회에서 '결함 있는 소비자'로 분류

---

154   지그문트 바우만, 정일준 역, 『쓰레기가 되는 삶들』, 새물결, 2008, 32쪽.

155   위의 책, 80~81쪽.

156   백욱인, 「속물 정치와 잉여 문화 사이에서」, 『속물과 잉여』, 지식공작소, 2013, 4쪽.

되며, 거부당했다는 느낌이 들어도 분노하지 않고 오히려 자신도 이 대오에 속하고자 노력하는 속물임을 인정한다.

이러한 태도는 인터넷 공간의 청년 하위문화인 '댜오쓰 문화屌絲文化'에 잘 드러나는데, 이들이 만드는 콘텐츠는 세태 풍자적이고 자신을 조롱하며 비하하는 방식이다. 대표적인 예로, 2013년 유쿠 사이트에서 많은 조회 수를 기록한 웹드라마 〈정말 의외인걸〉은 댜오쓰의 전형으로 그려지는 주인공 '왕따추이王大錘'의 이야기를 다룬다. 심드렁한 표정과 혼잣말인지 대화인지 모를 낮고 빠르게 읊조리는 목소리는 사회적 불합리와 불평등 상황에 맞닥뜨렸을 때 터뜨리는 혼자만의 불만이자 비굴하리만치 자기 합리적인 변명이다. 또한 다양한 현실 상황, 고전古典, 유명한 영화나 드라마에서 발췌한 이야기와 장면을 풍자와 왜곡, 패러디와 브리콜라주 방식으로 표현한다. 설령 소극적 불만과 저항의 태도 이면에 강렬한 참여 의지와 저항의 열정을 감추고 있다 하더라도 겉으로는 타협과 달관의 고소苦笑를 드러낸다. 이들의 배제적 입지가 청년으로서의 자부심과 자존심을 박탈했으며, 생존 경쟁 질서에 어쩔 수 없이 순응할 수밖에 없는 자조적이며 달관에 가까운 삶의 태도는 자기 환멸적이다.

3) 당대 청년의 정서 구조

① 성찰의 부재와 진정성의 소멸

진정성authenticity[157]이란 청년의 주체성을 형성하는 중요한 윤리적 규범이자 정신적 가치였다. 진정성은 성찰적 자아의 존재를 전제한다. "성찰적 자아는 내면과의 성찰을 통해 삶의 가치와 의미를 발견하고, 다시 이를 공적 영역에 실현하려 함"으로써 청년을 사회 참여 존재로 거듭나게 했다.[158] 그들의 저항과 혁명의 열정은 진정성 추구에서 비롯된다. 공적 영역에서 청년의 자아 가치 실현이 사회적 모순에 부딪히기 때문에 격렬한 시위 혹은 비판과 폭력 등의 형태로 드러나고, 정권의 억압에 좌절당하기도 한다.

개혁개방 이후 고속 경제 성장을 바탕으로 중국에서는 또 한 차례 새로운 사회·문화 건설에 대한 뜨거운 관심과 열망이 형성됐다. 이런 진정성의 정서 구조는 1980년대 이후 문화열을 통해 사회에 대한 관심과 반성으로 드러났다. 그리고 청년과 학생을

---

157 진정성의 어원은 그리스어인 'authenkitos'로 '자신eauton'과 '정립theto'의 결합에서 유래했다. 자신을 정립하는 주체적이고 내면적인 태도와 동시에 그런 태도가 실현될 수 있는 공적 지평에 대한 관심의 일면을 내포한다. 김홍중, 「진정성의 기원과 구조」, 『한국사회학』 제43집 5호, 2009, 3쪽 재인용.

158 위의 책, 1쪽.

중심으로 양극화, 부패와 부조리 등 고속 성장에 수반되는 사회적 모순과 문제점에 한목소리를 냈다. 6·4운동은 중국 청년들의 삶의 가치에 대한 반성과 성찰이 공공 영역에서 참여의 행동으로 터져 나온 순간이다. 그러나 이들의 진정성은 곧 경찰국가의 진압에 의해 좌절당하고 말았으며, 청년들은 진정성의 이상을 실현하지 못한 채 무거운 실어 상태에 빠졌다.

중국의 지배적 정감 구조의 급격한 변동은 경제 상황과 긴밀한 관련을 맺는 권력 형식 변화와 연결되어 있다. 1992년 남순강화는 1980년대를 마무리 짓고 새로운 90년대를 열어가는 신호탄이었다. 무거운 실어 상태 속에서 상처입은 채 청년들과 모든 사회적 역량은 그 관심을 경제발전으로 전환시켜야 했다. 1992년 중국 경제는 화폐화 단계에 진입하면서 '정부의 기업화(자본화)' 체제를 확장하며 구조 조정을 추진했고, 1990년대 후반 중국 금융이 철저한 집중과 독점의 길로 들어서며 국가 기구와 직접 결합해 세계 금융 시스템으로 들어갔다.[159] 남순강화는 전 세계 금융 자본 체제로의 전면 전환을 추구하는 역사적 전환점이자 진정성의 정서와 결별을 선언하는 정체성 전위의 중요한 변곡점이기도 하다.[160]

---

159 원톄쥔, 김진공 역, 『여덟 번의 위기: 현대 중국의 경험과 도전, 1949~2009』, 돌베개, 2016, 24~25쪽, 286쪽.

160 첸리췬은 그의 저서에서 1989년의 6·4 대학살이 또 하나의 역사적 전환점이었다고 강

이를 바탕으로 1990년대 출현한 '성공 인사'들은 고속 성장을 통해 '반쪽 얼굴의 신화'를 창조한 주인공이다. 현대 속물 사회의 속물 주체의 원형이라 할 수 있지만, 당시 그들은 성공의 얼굴 뒤에 감춰 둔 자신의 다른 얼굴을 대중에게 드러내지 않았다. 그렇게 드러나지 않는 '반쪽 얼굴'이 바로 윤리적 삶의 기반이 된 '부끄러움'이었고, 부와 성공을 위해 수단과 방법을 가리지 않는 집요함과 비열함이 그들의 '부끄러움'이었다. 이는 자기 성찰과 반성을 바탕으로 윤리적 삶을 형성하는 근간이 되었다. 이처럼 1990년대까지는 진정성의 문화와 정서적 구조가 와해되기 시작했어도 어느 정도 후안무치를 아는 반성의 자아가 남아 있던 시기였다. 성공 인사의 '성공의 얼굴', 즉 건강함의 이미지, 세련되고 지적이며 서구화되고 선진화된 이미지가 비록 시장화 과정에서 급조된 이미지였다고 해도 이들은 경제적으로 성공한 '새로운 영웅'의 형상을 구축함으로써 타의 모범이 되고자 했다.

그러나 2000년대 WTO 가입 후 세계 시장에 완전히 합류하면서 중국은 세계 금융 경제 및 신자유주의 체제의 영향력을 받을 수밖에 없었다. 이에 도시와 농촌의 양극화가 극심해졌고, 적자

조한다. 6·4 이후 중국 사회 구조의 거대한 변동이 모택동 시대의 연속임과 동시에 새로운 덩샤오핑 시대의 특징을 가지며, 이후 중국 사회 변화에 큰 영향을 미쳤다. 중국 학자들이 1992년 이후를 하나의 새로운 단계로 보는 것처럼 첸리췬 역시 1992년 남순 깅화를 6·4 체제 형성의 역사저 발전 과정이라고 판단했다. 첸리췬, 연광석 역, 『모택동 시대와 포스트 모택동 시대 1949~2009』, 한울, 2012, 365~369쪽.

생존과 승자독식의 경쟁 구도 속에 생존이 청년의 절박한 문제로 떠올랐다. 생존을 향한 이기심이 더 이상 내면적 자아를 통한 진정성을 길러 내지 못했고, 진정성을 상실한 청년은 속물적 주체로 재탄생했다. 이들은 타자와 더불어 사는 사회적 삶보다는 도시에서의 안락한 삶과 높은 연봉, 고급 세단과 좋은 별장식 아파트를 바라며 모든 노력을 아끼지 않는다. 진정성이 붕괴된 뒤 청년 주체는 정치 참여적 삶보다 동물적 삶을 추구하며, 비오스bios가 되는 삶보다 조에zoē가 되는 삶을 추구하게 되었다.[161] 속물적 주체의 탄생은 정치·경제 구조 전환에 따른 주체성의 변화다.

② 우울, 자조 그리고 낭만적 자아

2000년대 후반부터는 청춘 회고물의 영화, 드라마, 인터넷소설, 마이크로영화 등이 범람했다. 청춘 회고물의 소비층은 주로 80후, 90후 세대인데, 주로 학창 시절이나 젊은 세대의 삶 이야기를 표현한다는 점에서 냉혹한 현실 인식에서 출발한 자기반성과 자아 연민적 특징을 띤다. 도시 청년이 겪는 상대적 빈곤과 박탈감은 개인의 태만과 도덕적 타락에서 비롯된 것이 아니다. 또한 사회에 만연한 불안과 우울, 비참함은 기성세대가 질타한 것

---

161 조에는 모든 생명체에 공통된 것으로 살아 있음이라는 단순한 사실을 말한다. 비오스란 어떤 개인이나 집단에 특유한 삶의 형식과 방식을 말하며, 정치적으로 가치 있는 삶을 의미한다. 조르조 아감벤, 박진우 역, 『호모사케르』, 새물결, 2008, 33~35쪽.

처럼[162] 의지박약이나 나약한 정신 탓이 아니다. 오히려 그것은 제도적 틀과 구조적 문제에 기인한다. 무한 경쟁을 바탕으로 하는 단기 고용과 불투명한 미래는 삶을 설계할 수 있는 기반을 뿌리째 흔들어 놓았으며, 이로 인해 좌절, 불안, 우울감이 양산되고 있다. 그래서 청춘 회고 영화를 소비하는 중국의 청춘들은 우울하고 자조적이다. 특히 청춘 회고 주제의 영화나 마이크로영화에 자주 등장하는 학창 시절은 강렬한 로맨스 경험이나 이에 대한 실패와 아픔이 주를 이룬다.

이러한 정서의 소비는 당대 중국 청년의 정서적 무력감과 위안의 정서를 단적으로 보여 준다. 에바 일루즈에 따르면, "사심 없는 증여에 의해 지배되는 인간관계의 우위성을 드러내는 데는 로맨스만 한 것이 없으며", "로맨스는 개인의 영혼과 육체의 영합을 찬양할 뿐 아니라 대안적 사회 질서의 가능성마저 열어놓는다".[163] 이 유토피아적 로맨스는 자본주의 문화 상품 안에서 온전하게 존재한다. 로맨스는 경제적 교환 가치와 생산 가치에 의해 지배되는 현실을 환기하고, 이에 대한 유토피아적 환상을 심

---

162 〈인민일보〉는 청년들에게 팽배한 청춘 회고열과 의기소침함의 정서를 경계하며, 이를 타파하고 나약함이 아닌 용기와 도전 정신이 필요함을 강조했다. 주류 미디어와 기성세대가 기대하는 청년의 이미지와 생존 현실 속 청년의 모습은 많은 차이가 있다.

163 박형신, 「감정자본주의와 사랑: 에바 일루스의 짝 찾기의 감정사회학」, 『사회사상과 문화』제30집, 2014년 12월, 44쪽.

어 주는 위안 기제로 작동한다. 청춘 회고물에서의 연애는 낭만
과 추억을 불러일으키지만, 경제적 불평등, 교환 가치, 권력 등과
같은 현실 문제로 상처 입음을 보여줌으로써 그들이 처한 현실을
다시 한번 환기한다.

청춘 회고물을 비롯한 대중문화의 소비문화 중심에 배치된 낭
만적 자아는 이러한 유토피아적 환상을 통해 청년들이 상실한 진
정성과 내면 추구를 소비자본주의적 감성으로 치환한다. 또한 중
국 청년들은 저항 의식을 표출하려 해도 금지와 검열을 통해 투
명성을 요구하는 정부 정책 아래 줄곧 좌절당한다. 청년들의 저
항과 개성의 표현은 하위문화적 취향으로 대체됐으며, 이 취향은
대중문화의 한 요소로 포함된다. 대중문화가 양산한 낭만적 자아
는 공공 영역에서 발휘할 수 없는 청년의 내면적 진정성의 가치
를 사적 영역에서의 연애와 로맨스 추구로 드러나도록 한다.

③ '멍' 문화 유행으로 본 탈성찰적 주체

'멍萌'이란 중국어로 맹아라는 뜻인데, 귀엽고 어리고 작고 앙증
맞은 것을 의미하는 네티즌 유행어가 되었다. 1980년대 일본에서
는 애니메이션 유행과 이에 대한 하위문화의 하나로 '모에萌え'라
는 말이 유행했는데, 귀여운 캐릭터를 선호하며 그에 대한 모방,
코스플레이, 각종 문화 상품을 소비하는 것을 말한다. 2005년에
는 모에가 일본의 최신 유행어가 됐으며, 이런 문화적 영향이 중

국에 들어오면서 처음으로 '멍'이라는 말이 유행하기 시작했다.[164] 본래 일본의 모에 문화는 오타쿠족과 일부 애니메이션 애호가를 중심으로 유행한 하위문화의 일종이지만, 중국에서 '萌'이라는 말은 15~45세 네티즌을 중심으로 귀여운 것을 선호하거나 표현하는 문화가 확산하면서 생겨났다. 중국의 귀여움을 선호하는 문화는 일본의 모에 문화처럼 특정 부류 중심의 하위문화 특징을 띠지 않고, 뉴미디어 확산과 함께 대중문화 전반에 걸쳐 유행하는 일종의 취향과 선호의 문화를 형성했다.

귀여움의 문화는 샤오쯔적 생활, 소소하지만 여유를 즐기는 생활방식을 일컫는 '샤오칭신, 샤오취에싱' 문화와 함께 확산되기 시작했다. 한때 공산당의 관방 웨이보가 부드러운 이미지와 아기자기한 장식으로 바뀌는가 하면, 어리고 귀엽고 젊은 것을 선호하는 문화가 소비문화와 함께 확산되어 사람들의 몸짓, 표정, 행동, 말투에도 영향을 주었다.[165] 동안과 젊은 몸매를 유지하고, 귀

---

164   胡靜, 『網絡文化傳播視域下的萌文化研究』, 北京郵電大學 新聞傳播學碩士學位論文, 2015, 17쪽.

165   萌萌噠, 麼麼噠, 蘿莉, 正太, 御姐, 萌叔 등 새로운 말이 유행했으며, 귀여운 표정과 과장된 귀여운 행동을 가리켜 '賣萌'(귀여움을 드러낸다는 뜻)이라 부르기도 한다. '萌萌噠', '麼麼噠'는 신조어로 귀여움을 표현하는 의태어에 가까우며, 때에 따라서 앙증맞은 입맞춤을 의미하기도 한다. '蘿莉'는 로리타에서 나온 말로, 어린 소녀풍의 패션 혹은 소녀 같은 태도 등을 의미한다. '正太'의 어원은 일본어에서 비롯됐으며, '蘿莉'와 같은 뜻으로 쓰인다. 인터넷 유행어 '御姐'는 나이든 여성을 부를 때 쓰는 말이지만, 대개 어린 소녀처럼 젊은 용모를 가진 숭년 이상의 여성을 지칭하는 말이다. 같은 예로 남성을 지칭할 때는 '萌叔'라고 한다.

여운 소품을 즐기며, 여성스럽고 부드러운 분위기를 선호하고, 소비형의 여유로운 생활방식을 즐기면서 SNS에 과시하기도 한다. 심지어 국가 주석인 시진핑도 만화 캐릭터로 표현되어 '시따따习大大'라고 부르며 친근하게 여긴다. '萌'은 어리고 작고 여린 것에 대한 선호이자 취향과 태도이며, 대중문화 전반에 걸쳐 '귀여운 것', '보기 좋은 것', '아름다운 것', '좋아하는 것'을 지칭하는 의미로도 쓰이게 되었다.

귀여움의 감정은 어린이와 약자에 느끼는 동정과 연민에서 비롯되는 애틋한 감정이다. 귀엽고 어린 존재는 길들고 사육되고 강자의 세력 범위에 존재할 것이 당연시되는 어른과 아이, 강자와 약자, 주인과 노예의 관계를 포함한다. 이제 귀여운 것은 '보기 좋은 것', '아름다운 것' 등 바람직한 것을 지칭하며, 이를 향유하는 문화 주체는 이와 같은 '선善'을 내재화한다. 이를 두고 김홍중은 당대 사회 조에로 환원된 "벌거벗은 삶", 즉 "동물화된 삶"을 관리해 "순종하는 신체"를 산출하는, 푸코가 말한 "생명 권력"의 내용을 포함한다고 언급했다.[166] 귀여움이 내포하는 강자와 약자의 관계는 억압과 통제로 통치하는 권력으로부터 전환된 인간에 대한 관리이며, 의학과 과학을 통해 "양육하고 사육하는 권력"

166　김홍중, 「삶의 동물/속물화와 참을 수 없는 존재의 귀여움―87년 에토스 체제의 붕괴와 그 이후」, 『사회비평』 제36권, 2007, 82~83쪽 요약 발췌.

인 것이다.[167] 사람들은 이 모성적 권력 아래 있을 때 비로소 안전을 느끼며, 생존을 위한 육성과 배양의 대상임을 스스로 받아들인다. 우리가 당대 중국의 대중문화 현상을 통해 발견하는 탈정치, 탈내면, 탈성찰적인 모든 것은 문화와 정서 구조의 변동을 가늠할 수 있는 중요한 징후다.

4) 속물적 주체로 전락한 청년의 정치적 가능성

당대 중국 사회의 대중문화 현상을 통해 청년 주체의 소멸, 문화와 정감 구조의 변동, 속물적 주체로의 전환 등을 살펴봤다. 이는 중국 사회만의 일이 아니라, 한국을 포함한 전 세계에 나타나는 문화적 추세다. 특히 속물 사회 출현과 속물적 주체 탄생은 경제적 구조 변동과 이에 상응하는 권력의 전위와 관련이 있다. 이미 중국은 엄격한 통제력 바탕의 관리자 권력과 관리 구조 내에 국민이 자발적으로 포획될 수 있도록 점차 유연한 통치 권력으로 변화하고 있다. 이 변화로 사회는 탈정치, 탈정신, 탈내면, 탈성찰적으로 탈바꿈했으며, 사회적 정감 구조 변화는 사회 변혁을 주도한 진정성의 주체를 속물적 주체로 전환했다.

이러한 중국 사회의 정감 구조는 1992년 덩샤오핑의 남순강화

---

167   위의 자료, 92쪽.

를 중심으로 급격한 변환의 전기를 맞는다. 그 역사적 변곡점의 시작에 1989년의 6·4 사건이 있다. 이후부터 지금까지 중국의 체제는 이른바 ‘6·4 체제’라고 부르는 덩샤오핑 체제의 연속 선상에 있으며, 소비 자본주의 강화, 다양한 문화 부족의 청년 세대 등장, 문화산업-뉴미디어-대중문화라는 새로운 구성을 만들며 욕망의 물질성을 확산하고 있다. 당대 중국 대중문화에서 일어나는 일련의 현상을 볼 때, 이들은 이데올로기를 추구하며 사회 변혁을 이끄는 추동력으로서 진정성의 주체라기보다는 자신의 물질적 욕망을 긍정하고 이에 대한 추구를 부끄럽게 여기지 않는 ‘속물’과 유예된 속물인 ‘잉여’가 되었음을 살펴볼 수 있었다.

속물화된 사회에서 과연 정치가 존재할 수 있는가에 대한 문제 제기는 비단 중국 사회뿐 아니라 한국 사회에도 적용될 수 있는 물음이다. 하지만 그렇다고 해서 속물 사회에서 조에로 전락한 속물 주체가 청년의 성찰, 내면, 공적 영역에서의 참여 열정 등을 완전히 상실했다고 여기는 것은 섣부른 판단이다. 생존과 경쟁, 욕망의 물질성이 점철된 당대 사회에서 청년의 주체성은 더 이상 근대 주체성의 실천과 같이 전투적이고 저항적이고 진지하게 드러나지 않는다. 그것은 오히려 냉소와 자아 환멸에 묻힌 ‘잠류 潛流’의 형태로 존재한다. 공공 담론 영역, 문화 예술 실천 영역 등에서 간헐적으로 드러나는 자발적 저항과 정치 참여 열망을 어느 정도 감지할 수 있기 때문이다. 그래서 우리는 이와 같은 속물 사회에서 새로운 정체성 전환을 위한 방법을 끊임없이 발명해야 한다. 왜냐하면 그 잠류가 만드는 소용돌이가 아직 새로운 형태의 가능성과 변혁을 이끌어내는 중요한 역량이기 때문이다.

맺는말

　이 책에서는 1990년대부터 2017년까지의 드라마를 통해 중국 사회의 문화를 들여다보기 위해 생산과 소비 메커니즘을 소개하고 장르별 특징을 분석함으로써 중국 관방 이데올로기, 자본과 시청자의 욕망이 상호 영향력을 발휘하며 견제하고 담합하는 양상을 소개했다. 드라마는 본래 텔레비전의 출현과 동시에 생겨난 대중 문예 형식이다. 텔레비전이라는 미디어의 특성상 현대인 가정의 거실에 놓이며 대화와 생활 중심에 배치된 만큼 현대인의 일상생활 패턴과 밀접한 관련을 맺고 영향력을 발휘해 왔다. 특히 중국에서 텔레비전 미디어는 당과 관방이라는 중앙 정책의 목소리를 개인의 안방까지 전달하는 이데올로기 전파 도구로서 자리매김했다. 지금까지도 중국 사회주의 이데올로기의 충실한 재현 도구로서 정보와 오락을 제공하며 사회 질서 유지와 안녕에 기여하고 있다. 그렇기에 텔레비전 미디어는 늘 관방의 관리 대상이 됐고, 시장경제체제로의 전환에 따라 영상 콘텐츠 제작과 생산에 자본의 영향력이 미치게 되었다. 이에 따라 자본의 투자가 중요해졌고, 시청률로써 상품 가치와 가치 전파의 실효성을 고려하게 되었다. 이 과정에서 시청자의 역량과 욕망이 시장이라는 수요 공급의 법칙에 따라 콘텐츠에 투사되면서, 중국 텔레비전 미디어는 관방의 제도와 관리 체제, 시장과 자본에 의한 실질적 운용, 시청 수요라는 세 가지 지형이 영향을 주고받는 독특한 미디어 지형을 형성했다.

그동안 중국학에서 텔레비전 드라마는 영화의 예술성과 심미적 가치성이라는 측면에서 크게 주목받지 못했거나, 학문적 연구 대상에서 경시되어 왔던 것이 사실이다. 드라마는 유사 장르의 유형적 서사 패턴이 반복적으로 양산되며 대량 출현과 붐을 만들고, 수십 부작에 이르는 긴 편폭으로 일정한 시간에 반복적 시청을 유도한다. 그렇기에 붐을 이루는 유사 장르의 유형적 서사 패턴을 통해 시사적이고 사회 문제적인 지점을 확인할 수 있으며, 반복적 시청 행위라는 일상생활과의 긴밀한 연계성을 발견할 수 있다. 드라마는 일상생활 영역에 놓여 있기에 언어, 유행, 성별, 노동, 계급, 관습 등의 측면에 더욱 큰 영향을 미치는 미디어라고 할 수 있다. 드라마는 일상생활의 서사이자 미시사의 기록이며, 한 사회의 모습을 거울처럼 투영하는 반영적 매체다. 따라서 중국 드라마 연구는 드라마 시청의 재미를 넘어 한 사회의 내밀한 면모를 다양하게 조망할 수 있다는 점에서 매우 유용하다. 드라마 제작과 생산 시스템에서 관방 이데올로기 작용을 파악할 수 있으며, 미디어 변화에 따른 산업 구조 변화를 통해 자본의 역량과 생산-소비자로서의 대중 주체의 역할과 존재를 감지할 수 있기 때문이다.

이 책에서는 중국 드라마가 텔레비전 미디어 콘텐츠로서 본격적으로 기능하는 1990년대의 전사前史로서 현대사의 굴곡에 따른 미디어 역할과 기능을 살펴봤다. 드라마 생산 메커니즘을 파악하기 위해 제도적 정비 및 변화 과정을 제편인 제도, 심사 제도, 수상 제도 등으로 알아봤다. 이 과정은 미디어의 산업 구조가 정치적·경제적 체제 변동 속에 중국 사회주의의 '이데올로기적 역할'을 수행할 수 있도록 적응하고 정비하는 과정이라고 할 수 있다. 이 메커니즘은 인터넷 미디어 출현 후에도 동일하게 적용되고 있으며, 이를 통해 중국 미디어의 경향성과 방향성을 한눈에 파악할 수 있다. 시장체제 구동 후부터 드라마는 장르별로 서로 다른 특징을 가지며 미디어 지형과 현실 중국의 다양한 면모를 재현해 오락과 문예를 담는 문화 상품으로 기능하게 되었다. 그리고 IP(지적재산권)를 중심으로 하나의 콘텐츠가 여러 미디어로 연계되면서 새로운 산업 체인이 형성됐으며, 드라마 산업은 또 다른 전기를 맞이하고 있다.

또한 인터넷소설을 통해 다양한 서사 자원이 풍부해졌다. 이는 중국의 고전, 문학, 신화, 이야기, 전설을 포함한 일상생활, 세계

문학 등의 다양한 자원이 개성 있는 독자와 비전문적 개인이 가진 창조적 역량과 만나 인터넷 공간에서 유감없이 발휘되었기 때문이다. 이러한 창조성은 원천 서사의 엄청난 데이터베이스를 형성했고, 이를 먹이로 삼는 자본과 기업의 산업화 추세가 비물질 노동이라는 새로운 노동 형식과 보상 체계를 만들면서 중국의 문화산업이 전례 없는 발전을 구가하게 만들었다. 중국 드라마 연구는 텔레비전 미디어의 특성에서 시작했지만, 점차 인터넷 미디어와 웹 공간이 융합되고 드라마와 영화, 게임과 애니메이션, 출판이 다방향으로 연계되면서 미디어와 서사뿐 아니라 산업 구조와 소비 형식에 이르는 다양한 분야에까지 확장됐다. 이에 따라 연구 영역 역시 미디어 융복합적, 산업 연계적으로 확대 발전되어야 한다. 그 뿐만 아니라 경제, 정치, 문화 이데올로기 등 일상생활을 조직하고 생산하는 역량의 집결 방식과 메커니즘을 파악하기 위해 제도, 생산관계, 계층, 공간, 생활양식 등과 같은 사회 곳곳에 포진된 눈에 보이지 않는 연결망을 드러내고 분석하는 연구도 함께 진행되어야 한다. 미디어가 일상생활의 모든 방면에 보이지 않고 의식되지 않는 방식으로 심층적인 영향을 미치고 있기 때문이다.

중국 문화 연구는 현상의 단면 분석이 아닌 다양한 분야를 통한 여러 시각이 공존하는 상태이며, 항상 진행형이다. 그중에서 미디어 연구는 문화연구의 한 영역으로서 앞으로 다양한 학문적

연계와 연구가 진행되어야 하며, 중국 사회를 더욱 밀도 있고 다
층적으로 들여다볼 수 있는 새로운 방식으로서 작용할 수 있기를
바란다.

참고문헌

*중문자료

高福安, 『影视制片管理基础』, 北京: 中国传媒大学出版社, 2006年6月.

______, 『电视制片管理艺术』, 北京: 中国传媒大学出版社, 2006年6月.

高传智, 『"资本"影像—90年代以来中国电视新闻场域的变化及其影响』, 北京: 中国传媒出版社, 2009年.

高鑫, 『电视剧的初探』, 北京: 北京广播学院出版社, 1988年8月.

高鑫·贾秀清, 『21世纪电视文化生存』, 中国国际广播出版社, 2006.

高鑫·吴秋雅, 『20世纪中国电视剧史论』, 北京: 学苑出版社, 2002年11月.

宫承波, 『新媒体概论』(第三版), 北京: 中国广播电视出版社, 2011年.

唐小兵, 『再解读: 大众文艺与意识形态』, 北京大学出版社, 2007年.

戴元光, 『社会转型期与传播理论创新』, 上海: 上海三联书店, 2008年.

戴清, 『家的形象: 中国电视剧家庭伦理叙事研究』, 北京: 中国传媒大学出版社, 2008年.

____, 『电视剧审美文化研究』, 北京: 中国广播电视出版社, 2004年.

陶东风, 『当代中国文艺思潮与文化热点』, 北京: 北京大学出版社, 2008年.

童宾主编, 『技术,制度与传媒变迁—中国传媒改革开放30年论集』, 上海: 复旦大学出版社, 2009年

窦欣平, 『国剧之路: 中国电视剧的半个多世纪』, 北京燕山出版社, 2013年.

罗钢·刘象愚主编，赵国新译，『文化研究读本』，北京：中国社会科学出版社，2011年.

雷启立，『传媒的幻想—当代生活与媒体文化分析』，上海：上海书店出版社，2008年.

刘康，『对话的喧声—巴赫金的文化转型理论』，北京：中国人民大学出版社，1995年.

刘燕南，『电视收视率解析：调查，分析与应用』，北京：中国传媒大学出版社，2002年.

凌燕，『可见与不可见——90年代以来中国电视文化研究』，北京：中国传媒大学出版社，2006年.

李江帆，『略论服务消费品』，『华南师范学院学报』，1981年第3期.

李友梅·孫立平，『當代中國社會分層：理論與實證』，社會科學院出版社，2006年.

李春玲，『斷裂與碎片：當代中國社會階層分化實證分析』，北京：社會科學文獻出版社，2005年.

白小易，『新语境中的中国电视剧创作』，北京：中国电影出版社，2007年.

邵奇，『中国电视剧导论』，上海：上海交通大学出版社，2008年.

孙立平，『20世纪90年代中期以来中国社会的结构演变』，『现代化与社会转型』，北京：北京大学出版社，2005年.

______，『博弈—断裂社会的利益冲突与和谐』，北京：社会科学文献出版社，2006年.

______，『现代化与社会转型』，北京：北京大学出版社，2005年.

孙晓忠编，『巨变时代的思想与文化—文化研究对话录』，上海：上海书店出版社，2011年.

时统宇·申琳·吕强，『收视率导向研究』，四川：四川人民出版社，2007年.

辛述威主编，『电视剧的实践之路』，山东：山东文艺出版社，1990年12月.

杨新敏，『电视剧叙事研究』，北京：文化艺术出版社，2003年.

杨伟光主编，『中国电视论纲』，北京：北京出版社，1998年.

杨晓凌，『解码电视湘军』，中国传媒出版社，2009年.

吕途，『中國新工人：文化與命運』，法律出版社，2015年.

吴素玲，『电视剧发展史纲』，北京：北京广播学院出版社，1997年7月.

王兰柱主编，『聚集收视率』，北京：北京广播学院出版社，2002年.

汪流, 『中外影视大辞典』, 中国广播电视出版社, 2001年.

汪民安·郭晓彦编, 『生命政治: 福柯, 阿甘本与埃斯波西托』, 江苏人民出版社, 2011年.

汪民安 主编, 『生产: 德勒兹机器』, 桂林: 广西师范大学出版社, 2008年.

王玉伟, 『电视剧城市意象研究』, 暨南: 暨南大学出版社, 2010年.

王伟超, 『电视剧的初探』, 北京: 宝文堂书店, 1983年6月.

王育济·齐勇峰等 主编, 『中国文化产业学术年鉴1979-2002年卷』, 济南: 山东大学出版社, 2009年.

王志敏, 『现代电影美学体系』, 北京: 北京大学出版社, 2006年.

王晓明, 『近视和远望』, 上海: 复旦大学出版社, 2012年.

______, 『横站 王晓明选集』, 台北: 人间出版社, 2013年.

王晓明编, 『热风学术第一辑』, 桂林: 广西师范大学出版社, 2008年.

________, 『热风学术第七辑』, 上海: 人民出版社, 2013年.

王昕, 『在历史与艺术之间: 中国历史题材电视剧文化诗学研究』, 北京: 中国传媒大学出版社, 2008年.

魏国彬, 『电视剧市场体系研究』, 云南: 云南大学出版社, 2007年8月.

尹鸿, 『尹鸿自选集: 媒介图景·中国影响』, 上海: 复旦大学出版社, 2004年.

蒋宏·徐剑等, 『新媒体导论』, 上海: 上海交通大学出版社, 2006年.

张斌, 『镜像国家—现代性与中国家族电视剧』, 上海: 学林出版社, 2010年.

张永乐, 『旧帮新造: 1911-1917』, 北京: 北大出版社, 2011年.

张华, 『电视剧的投资与营销』, 北京: 中国广播电视出版社, 2004年.

钱蔚, 『政治, 市场与电视制度——中国电视制度变迁研究』, 郑州: 河南人民出版社, 2002年6月.

丁浪主编, 『电视剧的足迹』, 北京: 中国文联出版公司, 1986年3月.

郑世明, 『权力的影像—权力视野中的中国电视媒介研究』, 北京: 中国传媒出版社, 2006年.

赵群, 『电视剧长短录』, 北京: 北京东方出版社, 1996年8月.

赵曙光, 『媒介经济学』, 北京: 清华大学出版社, 2007年.

赵勇，『大众媒介与文化变迁—中国当代媒介文化的散点透视』，北京：北京大学出版社，2010年.

曹天予·钟雪萍·廖可斌主编，『文化与社会转型』，杭州：浙江大学出版社，2006年.

钟艺兵·黄望南主编，『电视剧艺术发展史』，浙江：浙江人民出版社，1994年.

周安华编，『民营的激情与想象：中国新闻人电视剧论析』，中国广播电视出版社，2008年.

仲呈祥，『审美之旅』，北京：中国青年出版社，2008年.

______，『银屏之旅』，山东：山东美术出版社，2002年.

仲呈祥·陈友军，『中国电视剧历史教程』，北京：中国传媒大学出版社，2010年.

曾庆瑞·卢蓉，『中国电视剧的审美艺术』，北京广播学院出版社，1997年.

曾庆瑞，『电视剧原理』，北京：中国传媒大学出版社，2006年.

陈少峰·朱嘉著，『中国文化产业十年(1999−2009)』，金城出版社，2010年.

陈友军，『现实题材电视剧艺术真实形态论』，北京：中国传媒大学出版社，2007年.

陈志昂主编，『中国电视艺术通史』，北京：中国文联出版社，2000年.

陈平原·山口守编，『大众传媒与现代文学』，北京：新世界出版社，2003年.

蔡翔，『革命/叙述：中国社会主义文学—文化想象(1949−1966)』，北京：北大出版社，2010年.

贺桂梅，『现实与历史之间』，山东文艺出版社，2008年.

刑虹文，『电视，受众与认同：基于上海电视媒介的实证研究』，上海：上海交通大学出版社，2013年.

和雷，『葛兰西与文化研究』，北京社会科学出版社，2011年.

[加]文森特·莫斯科著，胡正荣等译，『传播政治经济学』，北京：华夏出版社，2000年.

[德]马克思·霍克海默，西奥多·阿道尔诺著，梁敬东，曹卫东译，『启蒙辩证法』，上海：上海人民出版社，2003年.

[美]尼尔·波兹曼著，『娱乐至死』，桂林：广西师范大学出版社，2009年.

[美]曼纽尔·卡斯特主编，周凯译，『网络社会：跨文化视角』，北京：社会科学文献出版社，2009年.

[美]麦克尔·哈特，[意]安东尼奥·奈格里著，杨建国，潘一亭译，『帝国—全球化的政治秩序』，南京：译林出版社，2003年.

228

[美]斯蒂芬L.申苏尔, 琼·J. 申苏尔, 玛格丽特·D.勒孔特著, 康敏, 李荣荣译, 『民族志方法要义: 观察, 访谈与调查问卷』, 重庆: 重庆大学出版社, 2012年.

[美]迪克赫伯迪格著, 陆道夫 胡疆锋 译, 『亚文化 风格的意义』, 北京大学出版社, 2009年.

[美]亨利·詹金斯著, 杜永明译, 『融合文化: 新媒体和旧媒体的冲突地带』, 北京: 商务印书馆, 2012年.

[法]吉斯塔夫·勒庞著, 冯克利译, 『乌合之众』, 北京: 中央编译出版社, 2005年.

[法]让·波德里亚著, 刘成富, 全志钢译, 『消费社会』, 南京: 南京大学出版社, 2006年版.

[斯]斯拉沃热·齐泽克著, 李广茂译, 『意识形态崇高客体』, 北京: 中央编译出版社, 2002年.

[斯]斯拉沃热·齐泽克著, 蒋桂琴, 胡大平译, 『易碎的绝对』, 南京: 江苏人民出版社, 2004年.

[英]雷蒙德·威廉斯著, 刘建基译, 『关键词』, 北京: 三联书店, 2005年.

[英]雷蒙德·威廉斯著, 吴松江, 张文定译, 『文化与社会』, 北京: 北京大学出版社, 1991年.

[英]戴维·莫利著, 郭大为等译, 『传媒, 现代性和科技: "新"的地理学』, 北京: 中国传媒大学出版社, 2010年.

[英]罗杰·西尔弗斯通, 陶庆梅 译, 『电视与日常生活』, 江苏: 人民出版社, 2004年.

[英]莫特著, 余宁平译, 『消费文化—20世纪后期英国男性气质和社会空间』, 南京: 南京大学出版社, 2001年.

[英]斯图尔特·霍尔著, 徐亮, 陆兴华译, 『表征—文化表象与意指实践』, 北京: 商务印刷管, 2003年.

[英]安吉拉·麦克罗比著, 田晓菲译, 『后现代主义与大众文化』, 北京: 中央编译出版社, 2001年.

[英]安东尼吉登斯著, 田禾译, 黄平教, 『现代性的后果』, 译林出版社, 2007年.

[英]齐格蒙特·鲍曼著, 仇子明, 李兰译, 『工作消费新穷人』, 吉林: 吉林出版集团有限责任公司, 2010年.

[印]帕萨·查特杰著, 田立年译, 陈光兴教, 『被治理者的政治』, 桂林: 广西师范大

学出版社, 2007年.

[日]东浩纪著, 褚炫初译, 『动物化的后现代』, 台湾: 大鸿艺术股份有限公司, 2012年.

『中国广播电视年鉴1996』, 广播电影电视部 『中国广播电视年鉴』 辑委员会, 北京: 北京广播学院出版社, 1997年.

『中国电视剧年度发展报告(2005-2006)』, 北京: 中国传媒大学出版社, 2007年.

艾瑞网市场咨询有限公司, 「2006年网络视频发展研究报告」, 『声屏世界·广告人』, 2007年第5期.

艾瑞市场咨询有限公司, 「中国网络视频行业发展报告 2008-2009」, 2009年第29期.

CNMC: 「2009年中国网民网络视频应用研究报告」, 北京: 中国互联网络信息中心, 2011年.

葛红兵·姚新勇·王韬, 「九十年代青年本位文化三人谈」, 『青年探讨』, 1997年04年.

高欢欢·骆正林, 「2009年中国电视剧发展研究述评」, 『现代视听』, 2010年03期.

曲秀锦·阎忠军, 「电视传媒的产业经营范畴」, 『电视研究』, 1999年第11期.

匡文波, 「"新媒体"概念辨析」, 『国际新闻界』, 2008年第6期.

陶東風, 「青春文學, 玄幻文學與盜墓文學—"80後寫作"舉要」, 『中國政法大學學報』, 2008年5期.

陶春军, 「结构历史: 新历史小说与穿越小说」, 『广西社会科学』, 2010年第2期.

董丽敏, 「性别, "后宫"叙事与影像意识形态—从"宫"看当代穿越文化现象」, 『文学争鸣』, 2011年第18期.

羅盎華, 「試論玄幻小說的藝術特征」, 『大眾文藝』, 2009年6期.

梁君健·尹鴻, 「論幻想系列片中的"想像世界"」, 『當代電影』, 2017年2期.

刘沙, 「电视剧融资与投资模式探讨」, 『中国广播电视学刊』, 2005年第8期.

刘瑞生, 「新媒体发展的态势与基本特征」, 『新闻战线』, 2010年第11期.

刘原, 「关于电视剧"走出去"的实践与思考—访著名电视剧制片人, 导演尤小刚」, 『当代电视』, 2011年第2期.

刘堤洪, 「浅谈收视率之功与收视率之困」, 『中国电视』, 2009年第5期.

李金宝, 「网络时代电视广告的变革和创新」, 『现代视听』, 2009年第6期.

李岚, 「融合背景下电视产业发展的战略转型电视研究」, 『电视研究』, 2011年第1期.

毛伟敏·魏雨,「"无厘头"有来头」,『咬文嚼字』, 2006年第7期.

白小易,「中国电视剧的市场化演变路径」,『视听界』, 2008年第5期.

费如明,「新股的含义是什么?小论电视剧"贫嘴张大民的幸福生活"」,『当代电视』, 2001年第11期.

謝貝玲·史東明,「重大革命歷史題材影視創作的思考」,『電影通訊』12期, 1989年.

西门送客,「棒喝穿越小说: 谁在扼杀历史写作」,『社会观察』, 2008年第3期.

孙佳山等,「多重视野下的"甄嬛传"」,『文艺理论与批评』, 2012年第4期.

孫家正,「關於重大革命歷史題材影視創作的幾個問題」,『中國電視』09期, 1997年.

孙长宁等,「试论社会主义精神生产」,『经济研究』, 1979年第6期.

杨旦修,「e社会:电视剧传播的危与机」,『文艺争鸣』, 2010年第06期.

吴畅,「中国电视剧市场的运营管理规制问题探究—以"独播剧"现象为研究视角」,『暨南大学學報』, 2008年第5期.

王建光,「義憤: 從一種群體心態到話語力量的轉變—對當代中國憤青的一種文化解讀」,『當代青年研究』, 2009年01期.

王枫,「认清形势 科学规划 强化管理 多出好剧」,『中国电视』, 1992年第6期.

王晓明,「六分天下: 今天的中国文学」,『文学评论』, 2011年第5期.

汪暉,「兩種新窮人及其未來—階級政治的衰落, 再形成與新窮人的尊嚴政治」,『開放時代』, 2014年6月.

汪暉,「兩種新窮人及其未來—階級政治的衰落,再形成與新窮人的尊嚴政治」,開放時代』, 2014年 6月.

姚体,「融合与对策」,『中国广播电视学刊』, 2010年第6期.

于光远,「社会主义制度下的生产劳动与非生产劳动」,『中国经济问题』, 1981年第1期.

尤小刚,「国产电视剧市场状况研究」,『当代电视』, 2003年第10期.

喻国明,苏林森,「中国媒介规制的发展、问题与未来方向」,『现代传播』(中国传媒大学学报), 2010年第1期.

俞世恩,「1929年"大上海計劃"的特點及其失敗原因初探」,『歷史教學問題』, 2014年第3期.

尹鸿,「意义,生产,消费: 中国电视剧的历史与现实」,『现代传播』, 2002年第1期.

____，「意义，生产与消费—当代中国电视剧的政治经济学分析」『现代传播』，
　　　2001年第4期.

任思燕，「穿越类电视剧热潮探析」『电影评价』，2011年第5期.

張永峰，「中國電視劇審查制度的形成」『新聞大學』，2014年第1期.

田进，「团结协作扎实工作—积极稳妥推进三网融合—在2011年CCBN主题报告会
　　　上的讲话」『现代电视技术』，2011年第4期.

钱秀银，「"80后"女性写手与网络穿越小说」『哈尔滨师范大学社会科学学报』，
　　　2011年第1期.

郑维东，「收视率及其映射的市场温度」『中国电视』，2009年第6期.

曹書樂·王玥，「從《山海經》到玄幻劇—中國傳統文化傳承與創新的案例研究」
　　　『全球傳媒學報』，第五卷第三期，2018年9月.

趙雅妮·劉海，「靑年文化的變奏：從靑年的反叛到靑年審美的文化消費」『北京
　　　青年政治學院學報』，2012年01期.

周星，「世俗化 真实化 平民化—论当前电视剧的创作倾向」『当代电视』，1999年
　　　第9期.

中国视频网站发展研究课题组，「视频网站品牌影响力问卷调查」『媒体』，2014
　　　年3月第6期.

________________________________，「中国视频网站发展研究报告」『媒体』，2014年3
　　　月第6期.

仲呈祥，「全国电视剧飞天奖(第一届到第十届)」『中国电视』，1993年第9期.

曾庆瑞，「守望电视剧的精神家园(上)·(下)—回眸20世纪90年代一场电视剧文化
　　　的较量」『杭州师范学院学报』，2000年第2期.

曾軍，「90年代以來上海都市空間意識的變遷」『中國現代文學』第39號，2006年.

陈怀林，「90年代中国传媒的制度演变」『二十一世纪』，1999年6月号.

解玺璋，「张大民：群体精神的历史演化—电视剧〈贫嘴张大民的幸福生活〉文化
　　　评析」『北京电影学院学报』，2000年02期.

胡斌毅·阿原，「2007-2008中国电视剧市场探索」『当代电视』，2008年第2期.

胡正荣·李继东，「我国媒介规制变迁的制度困境及其意识形态根源」『新闻大
　　　学』，2005年春季号.

和梅·刘莉莎, 「国产电视剧市场供需关系的调查研究」, 『北京社会科学』, 2008年第4期.

侯自强, 「三网融合背景下的传媒变局」, 『中国电信业』, 2010年第7期.

郭海英, 『媒行业政府规制体制研究』, 南开大学政治学博士学位论文, 2013年.

段一, 『类型电视剧研究: 理论与实践』, 华东师范大学传播学博士学位论文, 2008年.

唐俊, 『电视新闻市场经济研究』, 复旦大学广播新闻学博士学位论文, 2008年.

杜芳, 『主旋律影视劇表達主流意識形態研究』, 大連理工大學博士學位論文, 2015年.

梁英, 『大众叙事与精神家园』, 四川大学传播学博士学位论文, 2007年.

劉淑娟, 『20世紀80年代中國大陸對金庸小說的接收研究』, 西南大學碩士學位論文, 2013年.

刘点点, 『跨媒介时代的文化产业—市场关系中的中国当代影视』, 中国现当代文学博士学位论文, 2011年.

马琳, 『电视剧传播框架中的女性: 形象建构与身份认同』, 华东师范大学传播学博士学位论文, 2008年.

马晓艺, 『中国电视的数字化生存』, 中国艺术研究院博士学位论文, 2010年.

邵奇, 『试论当代中国电视剧的传播理念』, 复旦大学新闻学博士学位论文, 2004年.

杨旦修, 『规制与发展—中国电视剧产业化发展进程研究』, 南开大学戏剧戏曲学博士學位論文, 2011年.

楊旦修, 『規制與發展–中國電視劇產業化進程研究』, 南京大學博士學位論文, 2011年.

严奇春, 『基于知识创新视角的三网融合影响机制研究』, 天津大学管理学博士学位论文, 2012年.

余麗霞, 『時代與電視媒介文化流變中的金庸武俠電視劇』, 南京師範大學碩士學位論文, 2007年.

葉大翠, 『網絡玄幻長篇小說的生產, 傳播與消費——以七點中文網為例』, 貴州師範大學碩士學位論文, 2015年.

汪洋, 『新世紀主旋律電視劇的嬗變與類型』, 上海戲劇學院碩士學位論文, 2011

年.

熊波, 『新媒体时代中国电视产业发展研究』, 武汉大学政治经济学博士学位论文, 2013年.

张永峰, 『中国电视剧的生产体制与人格形象』, 上海大学文学博士学位论文, 2011年.

郑大群, 『女性电视叙事研究』, 四川大学文艺学博士学位论文, 2006年.

周春霞, 『红色经典的文本张力与生产机制』, 北京师范大学文艺学博士学位论文, 2008年.

陈蓉, 『中国电视媒介产业政府规制研究』, 中国科学技术大学博士学位论文, 2009年.

肖东坡, 『基于网络能力的电视传媒营销模式研究』, 北京交通大学管理学博士学位论文, 2014年.

沈向军, 『三网融合背景下中国有线电视发展的战略选择』, 中国科学技术大学管理学博士学位论文, 2013年.

何晓燕, 『全球化语境下跨文化传播研究』, 中国艺术研究院广播电视艺术学博士学位论文, 2012年.

胡静, 『網絡文化傳播視域下的萌文化研究』, 北京郵電大學新聞傳播學碩士學位論文, 2015年.

* 국문자료

가라타니 고진, 조영일 역, 『세계공화국으로』, 도서출판b, 2007.

그래엄 터너, 임연종 역, 『문화 연구 입문』, 한나래, 2006.

김옥, 『중산사회: 중국의 계층분화와 중산계급의 형성』, 역락, 2015.

김왕배, 『도시, 공간, 생활세계』, 한울, 2011.

딕 헵디지, 이동연 역, 『하위문화: 스타일의 의미』, 현실문화연구, 2008.

마르쿠스 슈뢰르, 정인모 외 역, 『공간, 장소, 경계』, 에코리브르, 2010.

마이크랭·나이절 스리프트, 최병두 역, 『공간적 사유』, 에코리브르, 2013.

마이클 하트 외, 『비물질노동과 다중』, 갈무리, 2005.

미셸 푸코, 오르트망 외 역, 『안전, 영토, 인구: 콜레주드프랑스 강의 1977~78년』, 난장, 2011.

박철현, 『도시로 읽는 현대중국1, 2』, 역사비평사, 2017.

발터 벤야민, 심철민 역, 『기술복제시대의 예술작품』, 도서출판b, 2017.

배영달, 『보드리야르와 시뮬라시옹』, 살림, 2005.

백욱인, 『속물과 잉여』, 지식공작소, 2013.

슈테판 귄첼, 이기흥 역, 『토폴로지』, 에코리브르, 2016.

슬라보예 지젝, 이성민 역, 『까다로운주체』, 도서출판b, 2015.

아즈마 히로키, 이은미 역, 『동물화하는 포스트모던』, 문학동네, 2013.

아즈마 히로키, 안천 역, 『일반의지 2.0: 루소, 프로이트, 구글』, 현실문화, 2012.

양지성, 박종연 외 역, 『현대중국의 사회계층』, 연암서가, 2015.

왕샤오밍, 김명희 외 역, 『가까이 살피고 멀리 바라보기: 왕샤오밍 문화연구』, 문화과학사, 2015.

외르크 되링·트리스탄 틸만, 이기숙 역, 『공간적 전회』, 심산, 2015.

원톄쥔, 김진공 역, 『백년의 급진: 중국의 현대를 성찰하다』, 돌베개, 2015.

원톄쥔, 김진공 역, 『여덟 번의 위기: 현대 중국의 경험과 도전, 1949~2009』, 돌베개, 2016.

임영호 엮음, 『스튜어트 홀의 문화이론』, 한나래, 1996.

조르조 아감벤, 김항 역, 『예외상태』, 새물결, 2009.

조르조 아감벤, 박진우 역, 『호모사케르』, 새물결, 2008.

지그문트 바우만, 이수영 역, 『새로운 빈곤: 노동, 소비주의 그리고 뉴푸어』, 천지인, 2012.

지그문트 바우만·데이비드 라이언, 한길석 역, 『친애하는 빅브라더』, 오월의 봄, 2014.

지그문트 바우만, 정일준 역, 『쓰레기가 되는 삶들』, 새물결, 2008.

지그문트 바우민, 홍지수 역, 『방황하는 개인들의 사회』, 봄아필, 2013.

첸리췬, 연광석 역, 『모택동 시대와 포스트 모택동 시대 1949~2009』, 한울, 2012.

한병철, 김태환 역,『심리정치: 신자유주의의 통치술』, 문학과지성사, 2015.

한지은,『도시와 장소기억』, 서울대학교출판문화원, 2014.

강내희,「근대 세계체제에 대한 68혁명의 도전과 그 현재적 의미」,『문화과학』, 문화과학사, 2011년9월.

김공회,「인지자본주의론의 가치이론 이해 비판: 비물질노동의 개념화와 측정을 중심으로」,『마르크스주의연구』제9권1호, 2012.

김홍중,「삶의 동물/속물화와 참을 수 없는 존재의 귀여움: 87년 에토스 체제의 붕괴와 그 이후」,『사회비평』제36권, 2007.

김홍중,「진정성의 기원과 구조」,『한국사회학』제43집5호, 2009.

둥리민,「젠더와 후궁 서사 그리고 영상 이데올로기: 중국 드라마 궁(宮)을 통해 본 시공 초월 드라마 유행 현상」,『중국현대문학』61집, 2012.

문현선,「현환소설의 무협 장르적 성격: 황이(黃易)의《심진기(尋秦記)》를 중심으로」『중국소설논총』45집, 2015.

민정기,「梁啓超의 '少年中國設' 독해: '소년/청년' 소환의 중국적 맥락에 대한 고찰」,『중국현대문학』50집, 2009년9월.

박자영,「상하이 노스탤지어: 중국 대도시문화현상 사례와 관련 담론 분석」,『현대중국문학』제30호, 2004.

박형신,「감정자본주의와 사랑: 에바 일루즈의 짝 찾기의 감정사회학」,『사회사상과 문화』제30집, 2014년12월.

서동진,「혁신, 자율, 민주화…그리고 경영: 신자유주의 비판 기획으로서 푸코의 통치성 분석」,『경제와사회』, 2011.

서영표,「도시적인 것, 그리고 인권?: '도시에 대한 권리'논의에 대한 비판적 개입」,『마르크스주의 연구』9(4), 2012.

양갑용,「중국 문화산업정책 지식생산 기제 연구: 드라마정책을 중심으로」,『중국학연구』제57집, 2011년9월.

왕샤오밍·백지운,「육분천하: 오늘의 중국문학」,『창작과 비평』40호, 2012.

이상우,「고대역사극과 신편역사극의 비교고찰」,『중국어문학논집』22호, 2003.

이성규,「중화사상과 민족주의」,『철학』37집, 1992.

이수열,「근대 일본작가의 상해체험: 문화접촉과 탈경계적 상상력」,『해항도시문화교

섭학』제2호, 2010.

이승우·변귀남, 「중국 현대 고장희의 '희설'연구」, 『동아인문학』26호, 2013.

이정인, 「"사회주의 정신문명'에서 '중화문화'로의 이동: 개혁개방 이후 중국 문화정책의 흐름」, 『중국문화연구』제24집, 2014년5월.

정유경·한혜원, 「중국 선협 로맨스 웹소설의 크로스미디어 스토리텔링」, 『글로벌문화콘텐츠』제40호, 2019.

최철웅, 「판옵티콘, 신옵티콘, 밴옵티콘」, 『오늘의 문예비평』5월호, 2009.

*영문자료

David Harris, From Class Sturuggle to The Politics of Pleasure; The effects of gramscianism on cultural studies, London and New York: Routledge, 1992.

David Harvey, The Condition of Postmodernity: An Enquiry into the Origins of Cultural Change, Oxford: Blackwell, 1989.

Franco Berardi 'Bifo', Precarious Rhapsody: Semiocapitalism and the Pathologies of the Post-Alpha Generation, London: Minor Compositions, 2009.

Ien Ang, Desperately Seeking the Audience, London and New York: Routledge, 1991.

Ien Ang, Living Room Wars : Rethinking media audiences for a postmodern world, London and New York: Routledge, 1996.

Janice A. Radway, Reading the Romance, the University of North Carolina Press, 1991.

Jenkins, H. Convergence Culture: Where Old and New Media Collide, NYU Press. 2006.

Levy, P, Collective Intelligence: Mankind's Emerging World in Cyberspace, Cambridge: Perseus. 1997.

Maurizio Lazzarato, Immaterial Labor, Translated by Paul Coilli and Ed Emory;
Paolo Virno&Michael Hardt ed., Radical Thought in Italy, Minnesota:
Mineapolis, 1996.

Michel de Certeau, The Practice of Everyday Life, University of California Press,
Berkeley, 1984.

Nick Dyer-Witheford, Cyber-Marx: Cycles and Circuits of Struggle in High-
Technology Capitalism, University of illinois press, 1999.

Pilotta, J.J. "Why ratings no longer matter", Radio Business Report/ TV Business
Report Intelligence Brief, Feb.15.2008.

Suaun Moores, Interpreting Audiences; the Ethnography of Media
Consumption. (Media, Culture&Society Series), Sage publications,
2000.

Shu-mei Shih, "Visuality and Identity: Sinophone Articulations across the
Pacific", University of California Press Berkeley and Los Angeles,
California, 2007.

Xudong Zhang, Postsocialism and Cultural Politics; China in the Last Decade of
Twentieth Century, Duke University Press, 2008.

＊인터넷 자료

http://cn.nytimes.com/china/20130312/cc12wangzhengpeng/print
http://news.xinhuanet.com/politics/2013-09/25/c_125444415_2.htm
http://hx.cnd.org/?p=98499
http://www.sarft.gov.cn/art/2009/3/30/art_110_4636.html
www.chinasarft.gov.cn
http://cpc.people.com.cn/GB/64162/64168/64563/65374/4526454.html
http://cpc.people.com.cn/GB/64162/64165/74856/74964/5150950.html
https://www.qidian.com

http://www.chinawriter.com.cn/n1/2016/0929/c404004-28748693.html
http://www.sapprft.gov.cn/sapprft/govpublic/6607/280219.shtml
http://www.sapprft.gov.cn/sapprft/govpublic/6952/335295.shtml
http://news.sina.com.cn/pl/2009-05-04/083517739436.shtml

＊주요 드라마 자료

〈激情燃燒的歲月〉, 康洪雷導演, 陳枰編劇, 22集, 2001年.
〈亮劍〉, 陳健·張前導演, 都梁·江奇濤編劇, 30集, 2005年.
〈三生三世十里桃花〉, 林玉芬·外导演·弘呁 外 編劇, 58集, 2017年.
〈我的團長我的團〉, 康洪雷導演, 蘭曉龍編劇, 43集, 2009年.
〈蝸居〉, 滕華濤导演, 六六編劇, 35集, 2009年.
〈僞裝者〉, 李雪导演, 张勇编剧, 48集, 2015年.
〈人民的名義〉, 李路導演, 周梅森編劇, 52集, 2017年.
〈闖關東〉, 張新建·孔笙導演, 高滿堂, 孫建業編劇, 52集, 2006年.
〈香蜜沈沈燼如霜〉, 朱銳斌導演, 馬佳 外 編劇, 63集, 2017年.
〈懸崖〉, 劉進導演, 全勇先編劇, 40集, 2012年.
〈花千骨〉, 林玉芬導演, 饒俊 外編劇, 58集, 2015年.
〈歡樂頌〉, 孔笙, 簡川訸导演, 袁子彈編劇, 42集, 2015年.

＊책에 실린 글의 출처

『從電視劇到網絡劇: 生產, 消費方式的變化與新的“大衆主體”』, 上海大學博士學
　　位論文, 2015年7月.
「중국의 포스트 80세대의 ‘청춘회고’와 공공담론으로서의 ‘중국몽’」, 『중국현대문학』제
　　72호, 2015년3월.

「중국 미디어 관리의 생성적 변화와 이데올로기적 수렴」, 『비교문화연구』제44집, 2016년9월.

「당대 중국의 관방 담론과 민간 정서가 만들어내는 미디어 지형 엿보기: 드라마 〈위장자(僞裝者)〉와 〈랑야방(琅琊榜)〉을 중심으로」, 『중국현대문학』제79호, 2016년10월.

「당대 중국 '청년의 소멸'과 정서적 구조의 변동」, 『중국문화연구』제34집, 2016년11월.

「중국 드라마 생산 메커니즘과 주선율 드라마」, 『중국문화연구』41호, 2018년8월.

「상하이 도시 공간과 기억의 재구성 그리고 이미지의 정치: 드라마 〈蝸居〉〈僞裝者〉〈歡樂頌〉을 중심으로」, 『중국문화연구』45호, 2019년8월.